国际金融危机的演变
与中国的应对

GUOJI JINRONG WEIJI DE
YANBIAN YU ZHONGGUO DE
YINGDUI

姚淑梅 著

人民出版社

责任编辑:张文勇
装帧设计:肖　辉

图书在版编目(CIP)数据

国际金融危机的演变与中国的应对/姚淑梅 著.
-北京:人民出版社,2010.12
ISBN 978－7－01－009499－1

Ⅰ.①国…　Ⅱ.①姚…　Ⅲ.①金融危机-对策-研究-中国
　Ⅳ.①F832.59

中国版本图书馆 CIP 数据核字(2010)第 236453 号

国际金融危机的演变与中国的应对
GUOJI JINRONG WEIJI DE YANBIAN
YU ZHONGGUO DE YINGDUI

姚淑梅　著

人民出版社 出版发行
(100706　北京朝阳门内大街 166 号)

北京新魏印刷厂印刷　新华书店经销

2010 年 12 月第 1 版　2010 年 12 月北京第 1 次印刷
开本:880 毫米×1230 毫米 1/32　印张:9.25
字数:262 千字　印数:0,001-3,000 册

ISBN 978－7－01－009499－1　定价:25.00 元

邮购地址 100706　北京朝阳门内大街 166 号
人民东方图书销售中心　电话 (010)65250042　65289539

序

　　20世纪90年代以来，随着经济全球化和金融国际化的深入发展，国际金融危机频频爆发，其波及范围之广、破坏程度之深令人震惊。而这20年正是中国经济快速融入全球经济的时期，由于国内金融体系与国际金融市场相对隔离，中国避免了一次又一次国际金融危机的直接冲击，使经济得以保持了连年的快速增长。然而，中国的金融状况并不乐观，2009年，为应对美国次贷危机的影响，银行发放的大量贷款再次引发了对银行不良资产的担忧。一旦中国经济出现下行风险，流入地方政府融资平台、房地产项目和产能过剩部门的大量贷款就会导致银行不良贷款率大幅上升，从而威胁国家金融安全和国民经济的稳定。10年前，一轮由信贷推动的刺激措施使中国金融体系陷入了资不抵债的境地，引发了一场银行业危机。政府通过注资和高价购买不良资产的方式对银行进行了救助。10年后，财政部对用于银行纾困的7200亿元10年期不可转换债进行了10年展期，可见上次危机造成的烂摊子迄今都未彻底清理干净。与10年前相比，中国银行商业模式的同质化并没有根本改变，但本轮刺激计划规模更大，面临的外部环境随着资本账户的开放、人民币汇率形成机制改革与国际金融市场联系更密切，因此，银行业积累的风险也就更大。特别是在当前国际金融市场阴云密布，货币战争一触即发的形势下，身处汇率升值漩涡的中国如何在开放条件下防范金融风险已成为一个极为迫切的课题，《国际金融危机的演变与中国的应对》一书从对策研究的新视角对相关重大问题做出了具有针对性、现实性和可操作性的回答。

作者姚淑梅博士长期从事对策研究工作，就读博士期间就开始研究国际金融危机问题，本书是在其博士论文的基础上，又经过6年多的潜心研究，不断充实和完善而成的。作者从其学术专长出发，以对策研究为核心视角，深入剖析了20世纪90年代以来国际金融危机发生的微观和宏观原因，总结了各国政府紧急应对危机的举措以及后期针对性的改革和调整，并对上述措施和政策的成效进行了客观评价，以期找出中国可资借鉴的经验和教训。通过作者的分析，我们可看出，导致国际金融危机中的一些金融脆弱性在中国金融体系中都不同程度地存在，有些在现有环境下正在放大，如何化解和防范金融危机已非常迫切。

结合历次国际金融危机的经验、教训以及中国的金融现状，姚淑梅博士指出，无论来自外部的倒逼压力还是内部的调整需求，从微观看，中国滞后的金融体制改革势在必行。从宏观看，国家发展战略的相关调整必须加快推进。只有这样，才能从根本上增强金融竞争力，防范金融危机。为此，本书提出了包括：加快国内金融体制改革，提高金融体系的抗风险能力；推进人民币汇率形成机制改革，逐步扩大人民币汇率弹性；分阶段推进资本账户开放，促进国际收支基本平衡；破解"高储蓄"两难，推动人民币区域化和国际化进程；转变经济增长方式，从宏观层面化解金融风险等政策建议，这些建议既包括微观机制改革，也包括宏观策略和战略。该书资料翔实、逻辑清晰、观点鲜明，所提建议具有前瞻性和现实操作性，相信该书将是一部着眼于中国经济现实，研究国际金融危机防范和应对的上乘之作。

是为序！

杜厚文

2010 年 10 月于中国人民大学

前　言

　　20 世纪 90 年代至今，全球爆发了一系列金融危机，其中演变为国际金融危机的主要有：1992 年欧洲货币危机、1994 年墨西哥金融危机、1997 年亚洲金融危机、1998 年俄罗斯金融危机、1999 年巴西金融危机、2000 年阿根廷金融危机以及 2008 年美国次贷危机。短短 20 年间，国际金融危机以不同形态冲击着不同地区和国家，所到之处，一个国家辛苦数年乃至数十年积累的财富瞬间蒸发，货币信用严重受损，大批金融机构倒闭，众多企业破产，甚至引发社会动乱和政府更迭。其中，发展中国家损失尤其惨重，发达国家由于金融制度比较健全，金融体系自我修复能力较强，金融危机后宏观经济和金融市场恢复较快；而发展中国家由于制度缺陷，金融体系比较脆弱，危机后往往经过长时间的改革和艰难调整后，经济方能步入正轨。回顾每次金融危机的冲击、应对、调整，其过程和后果无不令人触目惊心。

　　"前车之鉴，后事之师"。中国经济已持续快速发展 30 年，其间尽管受到一些金融危机的波及，但从来都不是金融危机冲击的核心。这并不说明中国金融体系抗风险能力强，而是一直以来，中国对资本账户开放都持谨慎态度，对部分资本项目的严格管制使中国金融体系与国际金融体系相对隔离，从而幸运地避开了亚洲金融危机和美国次贷危机的风暴中心。这一方面说明中国谨慎推进资本账户开放是一项正确的策略，另一方面，应该看到，随着中国经济快速融入世界经济，尤其这次美国次贷危机后世界经济格局和金融体系都将发生较大调整，资本管制既不适应开放经济体的资本需求，同时在人民币升值外部压力不断加大、国内流动性过剩的情况下，中国也很难长期维持资本管制。因此，放松资本管制、直面国际竞争是中国金融体系无法回避的选择。

毫无疑问，金融体系是中国宏观结构中最脆弱的一环。经过30年的市场化改革，中国金融体制的改革远远滞后，无论是行业准入还是资金价格，远非市场自由竞争的结果。美国次贷危机后，中国金融机构发放了大量贷款，而美国金融机构迟迟不愿放贷，致使美联储创造的史无前例的流动性变成了银行在美联储账上的存款，两者相比，在庆幸中国金融机构响应政府号召积极放贷的同时，也应看到非市场行为和道德风险正是中国银行的软肋，而这正是引发亚洲金融危机的体制原因。目前看，无论从对外开放的外部条件还是内部转变发展方式的要求看，一个按市场规律运行的金融体制都是必需的，因为有效配置资源是经济健康发展的前提，否则建立在资源扭曲配置基础上的经济增长必然是脆弱的，而金融危机正是经济脆弱性的集中体现。因此，无论来自外部的倒逼压力还是内部的调整需求，从微观看，中国滞后的金融体制改革势在必行。从宏观看，国家发展战略的相关调整必须加快推进。只有这样，才能从根本上增强金融竞争力，防范金融危机。

　　本书从结构上分为总论和分论，第一章总论部分是本书的核心观点、结论和建议，其他各章从不同角度对总论的逻辑和结论形成支撑。本书从对策研究的视角，详细探讨了 20 世纪 90 年代以来历次金融危机爆发的原因、影响及政府应对的经验和教训，分析了当前中国金融的脆弱性，对中国如何借鉴历史教训、通过制度改革、宏观经济战略转变化解金融风险等，提出了对策建议。

　　不当之处，欢迎批评指正！

姚淑梅

2010 年 10 月

目　录

第一章
总　论

第一节　国际金融危机的特点

20世纪90年代以来世界各地爆发了一系列金融危机，其中演变为国际金融危机的主要有：1992年欧洲货币危机、1994年墨西哥金融危机、1997年亚洲金融危机、1998年俄罗斯金融危机、1999年巴西金融危机、2000年阿根廷金融危机以及2008年美国次贷危机等。其中，2008年美国次贷危机是20世纪以来最重大的两次国际金融危机之一（另一次发生在1929—1933年），它正在深刻影响着世界政治经济格局，其次是亚洲金融危机，它使东亚所有新兴工业化国家无一幸免，并且深化了日本的金融危机，同时亦促成了俄罗斯和巴西的金融动荡。

总结20世纪90年代以来的一系列国际金融危机，可以发现一些共同的特点，主要包括：

一、危机主要发生在经济赶超型国家

所谓赶超型国家是指在第二次世界大战以后，一些国家抓住外部机遇，利用自身优势，通过制定适宜的经济政策，实现了经济超常规的、跳跃性的增长，成为新兴工业化国家甚至发达国家的那部分国家，就这一范畴而言，赶超型国家主要包括日本、韩国、东南亚国家以及拉美国家①。20 世纪 90 年代的几次金融危机中，除了 1992 年欧洲货币危机和 2008 年美国次贷危机发生在发达国家之外，其他危机发生国都属于赶超型国家。西方发达国家（主要是大西洋两岸的发达国家）在经历了 1929—1933 年的金融危机后，吸取了很多重要的教训，建立了更为健全的金融制度，他们的金融实力和经济实力是不分伯仲、互相促进的。而日本、韩国以及新兴市场国家都属于二战后实施赶超型经济发展战略的国家，金融危机的爆发说明这些国家在经济赶超过程中存在金融弱势。

二、金融危机的爆发表现出极强的重复性特征

从表 1－1 中可以看出，拉美以及东南亚几个国家在 80、90 年代重复发生金融危机。像印度尼西亚，仅在 90 年代就接连发生两次金融危机。这说明前一次金融危机的应对并没有从根本上解决问题。

---

① 赫国胜等：《赶超型国家金融体制比较》，中国金融出版社，2001 版，第 11 页。

表1-1　80年代和90年代危机重复发生的主要国家

国 家	发生危机时间	国 家	发生危机时间
阿根廷	1980—1982、1985、2000	印度尼西亚	1994、1997
巴 西	1982、1994—1996、1999	菲律宾	1981—1987、1997
墨西哥	1982、1994—1995	泰 国	1983—1987、1997
马来西亚	1985—1988、1997		

资料来源：根据IMF资料整理。

三、危机大多首先表现为货币危机，货币危机成为金融危机的起爆点

墨西哥、巴西和亚洲金融危机都是由货币危机引发的。所谓货币危机，即一国或地区货币的对外价值在极短的时间内受到非意愿性的剧烈贬值，给经济的可持续发展、居民的社会生活带来极大的负面影响。而且，随着危机程度的深化，货币危机常常引发银行危机、债务危机，甚至引发全面的经济危机。如亚洲金融危机以泰国货币危机为导火索，迅速蔓延东亚各国。墨西哥、巴西等国的金融危机也是首先表现为本币大幅贬值、旧有汇率制度崩溃的货币危机。

四、金融危机中，投机成为一股强大的力量，其引发的"羊群效应"使中央银行的干预苍白无力，难以奏效

如1992年，欧洲经济出现了衰退和经济发展不平衡迹象，各国经济状况对财政和货币政策具有不同的需求，但欧洲货币体系却成为灵活货币政策的掣肘。索罗斯和他所管理的"量子基金"准确地洞察到欧洲货币体系的缺陷，从英国经济连年衰

退的现实中预感到，英镑对德国马克的汇率不可能维持在汇率机制规定的浮动范围内。当索罗斯从德国联邦银行决策人士那里得知德国不希望为了统一货币放弃马克的消息后，立即动用了 100 亿美元，向英镑发起猛烈进攻，并带动其他基金对英镑展开联合围剿，伦敦外汇市场顿时陷入恐慌，而索罗斯在一夜之间获取暴利 10 亿美元。

由于基金主要集中在少数机构手中，而这些机构对风险的管理越来越趋同，因此，金融投机很快形成一股巨大的力量，并能引发其他市场参与者跟风，触发"羊群效应"。在这种情况下，庞大的市场交易量使得中央银行的干预难以奏效。如在 1992 年欧洲货币危机中，面对抛售英镑之风，英格兰银行很快放弃干预。因为当时伦敦外汇市场每天的交易额高达 3000 亿美元，7 倍于英格兰银行的外汇储备①。在亚洲金融危机中，泰国、韩国等国家的中央银行开始都曾试图干预外汇市场，但最终都无功而返，只是白白消耗外汇储备而已。

五、金融危机具有极强的溢出效应和自我加强效应

首先，危机的传播迅速而广泛，表现出极强的溢出效应。如在 1992 年的欧洲货币危机中，当意大利里拉、英镑、芬兰马克浮动时，法国法郎、爱尔兰镑和瑞典克郎等都遭受了投机压力。1994 年墨西哥金融危机爆发后，迅速传播到巴西和阿根廷等拉美国家。泰国金融危机爆发后，迅速扩展到东南亚五国、

---

① 截至 2010 年 9 月，全球外汇市场日均交易额飙升至 4 万亿美元，英国《金融时报》报道，2010 年 9 月 1 日。

中国香港、中国台湾及韩国和日本，导致新加坡、马来西亚、菲律宾及泰国股市剧烈下跌以及巴西、东欧地区金融局势的动荡，同时导致美国、日本及整个亚太地区股市的大幅下跌。此外，危机具有明显的区域特征，在该区域中危机呈现较强的自我加强效应——由金融最为脆弱的市场震荡开始，扩散到与之相关或相像的主要市场中并导致其动荡；这些动荡又从这些市场反馈回来，引发新一轮动荡，从而使金融危机呈现出交互和自我加强趋势。如在东南亚金融危机中，第一波冲击从泰铢贬值开始，迅速蔓延东南亚各国，引发这些国家的金融动荡。随后印尼危机又反过来引发东南亚新一轮动荡，并对全球股市产生较大冲击。

六、金融危机对发展中国家造成严重的后果，使其可持续发展受到严峻挑战

发达国家面对金融危机的冲击，经过短暂的调整和恢复，能够很快地恢复正常的金融秩序。如1992年欧洲货币危机虽然冲击了欧洲货币体系，但各国很快在调整中恢复，其经济及社会生活并没有受到实质性的伤害。而发展中国家则不然，金融危机不仅使他们的金融体系受到冲击和破坏，而且引发了严重的经济危机和社会动乱，经济可持续发展受到严峻挑战。危机使这些国家货币大幅度贬值，通货膨胀上升；利率高企使投资不足，进一步压制了经济复苏；金融体系的脆弱打击了投资者信心，促使外资纷纷撤离；危机的暂时解决使事发国背负更加沉重的债务。这些都对一个国家的经济复苏和可持续发展造成了障碍，或埋下了下次危机的隐患。以亚洲金融危机

为例，从 1997 年 7 月起至 1998 年 1 月初的半年时间里，亚
洲许多国家和地区的货币都大幅贬值，特别是东南亚国家的
国际购买力和股票资产，在半年的时间里损失了将近一半或
一半以上，泰国舆论认为，泰国经济可能因此倒退了 10 年。
在印度尼西亚，则引发了社会动乱。金融危机的严重破坏力
可见一斑。

七、从金融市场的角度看，危机发生国家具有一些共同的特点

首先，每一次危机到来之前都伴随着资本流入突然增加的
现象。如墨西哥危机与亚洲危机之前都发生了创纪录的资本流
入，1990—1996 年间私人资本向新兴市场净流入的总额达到
10400 亿美元（约为他们同期 GDP 的 3%）[①]，其中亚洲和拉美
各得到这些资本流入的 40% 和 30%。其次，借款人没有对利率
与汇率变动进行保值，利率和汇率风险成为金融危机扩大和深
化的重要因素。虽然 20 世纪 90 年代全球衍生产品大量增长，
但未保值的货币和利率风险仍然是墨西哥和亚洲危机深化与蔓
延的关键性决定因素。在墨西哥金融危机中，政府和私人部门
采取的一些措施反而加大了其汇率风险。如 1994 年，为了促
进国内债务的再融资，墨西哥当局发行了一种短期债券，该种
债务的偿还虽然以墨西哥比索支付，但也与美元汇率挂钩。而
在亚洲金融危机中，非金融公司暴露的外汇风险对危机的蔓延
和深化也起了关键性的作用。这些公司除了从国内和国际银行

---

① 数据来源：IMF，1998 年。

获得外币贷款之外，还发行了大量以外币计值的债券，他们通常不对外债风险进行保值，因而积累了大量的未保值风险。

八、美国次贷危机依然呈现出与以往金融危机的一些共同特点

2008 年两位美国经济学家——马里兰大学的卡门·莱因哈特（Carmen Reinhart）和哈佛大学的肯·罗格夫（Ken Rogoff）发表了一份对美国金融危机的分析报告①，发现"诸多标准金融危机指标上惊人的定性和定量相似点"。具体表现为：（1）在每次重大金融动荡之前，住房价格都会快速上涨，股票价格也是如此。直到危机发生的前夜，资本流入加速，公共债务上升。（2）金融冲击发生前，通常有一段放松金融管制的时期。（3）资产价格泡沫通常在一段时期的价格稳定后发生，低通胀导致低利率和真实资产的积累，继而导致投资者为了获得更高的投资回报而去冒更大风险，1929 年的美国、20 世纪 90 年代的日本、1997—1998 年的亚洲，以及 2007—2008 年美国次级住房抵押贷款危机都是如此。（4）风险误判使对风险的定价错得离谱。互联网热潮时期，认为互联网将导致永不休止的经济增长。最近美国信贷泡沫中，认为把债务分开拆碎，然后分发到世界各地，使垃圾债券转变为 3A 级投资对象。最终，当风险向正常价格回归时，金融体系瞬间崩溃。（5）危机的国际化。乐观、贪婪、狂热和绝望是不分国界的，不断变化的市场情绪以令人惊讶的速度席卷全世界，互联网的发展更加剧了危机的传染性。

---

① 资料来源：英国《金融时报》2008 年 8 月 7 日报道。

第二节　金融危机发生的现实原因

20 世纪 90 年代以来国际金融危机主要发生在经济赶超型国家，使这些国家的经济增长、金融体制甚至社会生活都遭受严重打击，迟迟难以恢复，显示出经济赶超型国家经济的抗风险能力较弱，说明这些国家的经济增长模式、金融体制以及宏观经济政策存在缺陷。而金融脆弱性集中体现在 20 世纪 90 年代不是一种巧合，而是由于世界经济环境发生了大的变化，导致这些国家多年来经济快速增长过程中积累的矛盾爆发了。从这个视角总结原因，主要有以下几点：

一、金融危机的国际环境因素

（一）国际政治环境的变化

20 世纪 90 年代之前，世界处于冷战时期，以美国为首的发达国家出于遏制社会主义国家的目的，极力扶植处于国际战略要地的日本、韩国、部分东南亚和拉美国家发展国民经济，向这些国家提供了大量的经济援助和贸易便利，使这些国家在经济恢复和起飞时期获得了极为宝贵的资金。冷战结束后，发达国家不再向这些国家提供援助，而是成为他们的竞争对手。于是，20 世纪 80 年代末到 90 年代初，许多发展中国家开始放开其资本账户及相应的资本市场，积极到国际金融市场上借贷资金，面临的金融风险骤然加大。

（二）全球金融环境的变化

20 世纪 90 年代以来，金融创新大量涌现，放松管制和金融全球化使巨型跨国商业银行和投资银行不断涌现，传统银行机构和非银行金融机构转变为新型的金融服务企业，加大了金融市场的监管难度，宏观和微观金融运行的风险同时增加。西方发达国家银团和财团成为国际金融资本的主要供给者，大规模的商业性贷款给发展中国家带来沉重的债务负担。货币政策的自主性被削弱，利率和通货膨胀的国际传递效应也影响了一国经济政策的执行，一国政府很难再坚持自主的经济政策。以上各因素都限制和削弱了发展中国家政府控制金融风险、防范金融危机的能力。

二、赶超型国家引致金融危机的制度因素

（一）汇率制度

汇率制度安排都选择了盯住美元的固定汇率制，这种制度本身就具有自我终结的先天缺陷。

（二）融资体制

东亚政府主导型经济体制内在地产生了政府主导型融资体制，以满足赶超型不平衡发展战略对资金的非均衡配置。这种融资体制的发展结果是造成融资结构单一、间接融资居主导地位、资本市场发展落后。尤其是政府提供的各种有形的或隐形的担保，引发了严重的"道德风险"，最终结果必然是过度融资（即贷款规模超过预定限额）和信贷扩张（高信贷率）。著名经济学家保罗·克鲁格曼就把东亚各国银行享受的隐含政府担保视为亚洲金融危机的根源[①]。此外，20世纪70、80年代东亚各国普遍进行了金融自由化改

---

① 胡祖六："东亚的银行体系与金融危机"，《国际经济评论》，1998.3。

革，但金融的逐步自由化并未带来融资关系的市场化，而是使政府主导体制变成更具一般意义的关系型融资，企业和银行的经营行为严重扭曲，银行的巨额不良资产成为导致其破产倒闭和金融危机发生的基本原因。

（三）金融监管

危机发生国家有一个共同点，就是是放松管制的同时，没有加强监管。主要表现在金融监管组织体系不健全。如行业自律机构独立性较低形同虚设，信息披露不全导致缺乏社会监督，金融机构内部风险控制制度不完善甚至根本没有建立起来，监管对象存在疏漏，大部分以预防性监管为主，事后监管制度很不完善或根本没有建立起来等，总之，监管能力不足是这些国家的普遍弱势。

三、金融危机的宏观经济政策因素

赶超型国家为实现经济的迅速赶超，制定了各种宏观经济政策，以推动经济持续高速增长。由于财力、物力及其匹配的局限性，这些国家在实现其经济增长的同时，经济结构出现失衡。这种失衡是其经济增长模式内生的，最终则以金融危机的爆发为集中体现。因此，如何转换经济增长模式，调整各项宏观经济政策，成为赶超型国家面临的时代课题。

（一）经济增长模式看，赶超型国家主要依赖大量的资本投入而不是技术进步

克鲁格曼曾在1994年指出，这种靠大量投入驱动的方式不可能维持太久，一旦发展到要素的报酬递减阶段时，危机就会发生。

（二）从财政政策看，赶超型国家政府为了实现经济的赶超，也纷纷实行积极的干预政策，以"看得见的手"来推动经济增长

亚洲国家的经济增长的主要动力是通过财政隐性担保大量发放贷款，巨额的银行不良资产成为财政的潜在赤字，使投资者对经济的预期发生变化，资本流动逆转。由于亚洲各国的财政行为和财政状况比较相似，使金融危机迅速蔓延。所以说，财政隐性担保贷款是造成亚洲金融危机的主要的宏观经济政策因素。

（三）利率政策

低利率政策和信贷配给政策一起成为赶超型国家尤其是亚洲发展战略的一个重要组成部分。这一政策能够集中相对有限的资金和资源，减少有关发展行业的资金成本，对迅速实现经济赶超具有不可替代的作用。但是，低利率下的信贷配给带来的直接后果是信贷效率低下和企业过度投资，事实上是掠夺储蓄者补贴企业，带来社会分配不公、消费不足等问题，造成道德风险上升、政治腐败、社会投资过度带来的低效率等等，最终这些问题以不良资产的形式沉淀成银行风险，最终导致金融危机的爆发。亚洲金融危机最具代表性。

（四）金融自由化政策

80年代末到90年代初，发展中国家金融自由化的步伐加快。他们通过放松利率管制、实行资本项目可兑换等措施，积极吸引外资，提高本国金融机构的竞争力。金融自由化进程的加快吸引了大量外资，使股票、证券等虚拟资本急剧膨胀，外国短期资本、投机资本乘机大量进入。与此同时，这些国家没

有建立起严格的金融监管和风险防范机制，不良贷款、币值高估、经常项目赤字、资本账户开放再加上可调整钉住汇率制度最终引爆金融危机。

第三节 金融危机识别及应对的国际经验

一、金融危机的识别

敏锐识别金融危机的前兆有利于事前防范，避免金融危机的毁灭性破坏。IMF 曾对 50 个国家（包括发达国家和新兴市场国家）在 1975—1997 年间金融危机发生前后一些宏观经济变量进行了分析，发现这些变量发生的显著变化可以作为危机来临的警示信号。IMF 总结概括了危机前这些宏观经济变量的典型行为（参见表 1 – 2），主要包括以下几方面：（1）在危机发生之前，本币实际价值往往显著高于其在正常时期的平均值。（2）危机前本币的升值往往伴随着出口的恶化，经常账户逆差占 GDP 的比率上升。（3）危机前后两年中通货膨胀明显高于正常时期。（4）许多危机都伴随着资本流入的逆转，国内机构和居民还会尽量将自己的资产转为外汇。（5）以狭义和广义货币增长率表示的货币扩张，在危机前约两年有明显增长现象。（6）危机前一般都出现资产价格的高涨 – 下跌周期。例如，几乎所有受到亚洲危机影响的国家，房地产和股票价格在 90 年代初都迅速上升，然后自 1996 年年中开始急剧下跌。

表 1-2 金融危机前部分宏观经济变量的典型变化特征[①]

指 标	国别组	危机前的月份数		
		13	8	3
实际有效汇率升值	工业国家	*	*	*
	新兴市场	*	*	*
国内信贷扩张	工业国家		*	*
	新兴市场		*	*
M2 与储备货币之比扩张	工业国家	*	*	*
	新兴市场	*	*	*
股价下跌	工业国家	*	*	*
	新兴市场			
国内实际利率低迷	工业国家	*	*	
	新兴市场			
贸易条件恶化	工业国家			
	新兴市场		*	
世界实际利率上升	工业国家			*
	新兴市场			*

资料来源：IMF《世界经济展望》，1998 年 5 月，第 97 页。

　　IMF 对 50 个国家经济与金融变量的平均行为模式的研究，向我们指出了金融危机发生前的宏观经济变量的一些规律性变化，这些变化显示：在货币危机或银行危机前，经济通常是过热的，通货膨胀相对较高，实际汇率升值，经常账户逆差扩大，资产价格高涨，同时国内信贷随着金融市场自由化进程增长强劲，并伴随着高于正常规模的短期资本流入，银行存在大量呆坏账、金融部门体制与监管框架薄弱等。在这种情况下，如果出现任何冲击如实际经济活动突然下滑、资本流入减缓、

---

① 《世界经济展望》，1998 年 5 月，第 97 页。

贸易条件恶化、资产价格急剧下跌、全球利率上升或是与本国经济结构状况类似的国家发生危机等等，都会成为危机的导火索，从而使经济中的金融脆弱性转化为金融危机。因此，一国要密切关注这些宏观经济变量的走势和变化，及时采取措施使经济实现"软着陆"，避免金融危机发生带来的破坏性调整。

二、金融危机中的政策应对

金融危机爆发后，各国政府积极采取措施，以迅速控制危机的深化和恢复经济的正常运行。总结 1990 年代以来危机发生过的宏观经济政策反应，主要包括以下几方面：

（一）汇率政策的调整

20 世纪 90 年代金融危机中的一个突出特点就是对盯住汇率制度的疯狂冲击。面对投机冲击，各国中央银行一般都在金融市场上进行了干预。但是，事实证明，中央银行的外汇储备在投机风潮和巨大的"追风效应"下根本就无力可施。因此，货币汇率贬值成为各国政府的主要对策。如 1992 年英国、意大利和瑞典退出欧洲货币体系，其他欧共体国家除德国马克、荷兰盾和卢森堡法郎外亦纷纷贬值。1994—1995 年墨西哥金融危机中，墨西哥比索在贬值 15% 以后继续受到投机的猛烈冲击，为了干预外汇市场，墨西哥政府的外汇储备几近枯竭，于是，政府不得不宣布新比索自由浮动，政府不再干预外汇市场。在东亚金融危机中，泰国央行曾试图维护汇率稳定，结果在遭受惨重外汇储备损失后，于 1997 年 7 月 2 日宣布放弃实施 14 年之久的固定汇率制，改行浮动汇率制。7 月 11 日，菲律宾政府也宣布将相对固定的汇率制改为"根据市场因素在更大范围内浮动"的汇率制。7 月 14 日，马来西亚中央银行宣布放弃保卫林吉特，实行浮动汇率。8 月 14 日印尼政府宣布印尼盾汇率自由浮动。几乎所有的东南亚国家都经受不住投机资本的冲击，由原来实施固定汇率制改行浮动汇率制或随市场汇率变化而变动。在汇率政策的应对中，巴西政府的做法值得借鉴。在金融动荡开始后一个星期，巴西中央银行毅然决定放弃干预，终止了实行 52 年之久的固定汇率制度，实行浮动汇率制。由于巴西较早地停止了捍卫雷亚尔的行动，所以仍持有 300 多近 400 亿美元的外汇储备，稳定了市场信心，使金融动荡迅速得到了缓解。

（二）国际借贷

面对金融危机的冲击，各国政府一般都会谋求国际金融组织的援助，向 IMF 寻求贷款援助以渡危机就成为各国政府的首要决策之一。在 1994 年墨西哥金融危机中，美国和 IMF 就曾拿出 200 亿美元鼎力相助，墨西哥市场信心迅速恢复，经济也很快复苏。在亚洲金融危机中，受灾最重的泰国、印度尼西亚和韩国都先后向 IMF 请求援助。但是，由于 IMF 牵头的国际援助都带有苛刻的条件，有时还因援助条件的落实与受援国出现分歧而中断。因此，有的国家也采取其他自主方式解决危机，以避免因接受援助附加的不符合国情的药方使经济遭受更大的损害。

（三）货币政策和财政政策的灵活运用

金融危机发生后，外汇市场都会面临极大的压力，为了避免货币过度贬值，稳定市场信心，有关政府当局一般都立即采取紧缩的货币政策。欧洲货币危机中，法国、意大利、西班牙、英国都曾大幅度提高利率，瑞典甚至在 1992 年 9 月提高边际利率 500%。墨西哥主要参考利率—银行间平均贷款利率 1995 年 2 月高达 110%，亚洲金融危机中，为捍卫联系汇率制，香港亦将银行间隔夜利率提高到 300%。提高利率水平一方面提高了投资者持有该货币资产的名义投资收益，并加大了卖空该货币的成本，使投机代价更为高昂；另一方面，还可以降低通货膨胀预期，降低货币日后贬值的预期，降低国内需求并改善一国的经常项目状况，进而起到稳定当前汇率的作用。实践表明，为了捍卫面临沉重贬值压力的货币，紧缩性的货币政策是极为有效的。但是否使用紧缩性财政政策治理危机则因国情而不同。如果金融危机是由于一国长期以来财政赤字严重，并因此引发持续性通货膨胀，造成本国货币存在贬值压力，那么采用紧缩性财政政策应对金融危机是非常有效的。如 1999 年巴西雷亚尔被攻击，就是因为投机者抓住雷亚尔币值被高估，而巴西政府巨额的财政赤字使得政府的宏观调控能力受到极大的限制这一点。巴西在金融动荡发生后立即采取紧缩财政政策，节约预算，目的是向投机者保证，它准备采取一切措施，防范经济遭受狙击。虽然预算的节约将导致经济增长速度放慢，但可以有效地控制国内信用的膨胀，恢复市场的信心。但是，东亚国家则不然。由于这些国家危机前财政状况一般都比较好，因此，IMF 对其开出紧缩财政的药方是不对症的。所以，从 1998 年第一季度起，IMF 允许东亚国家采取赤字财政刺激经济。扩张的财政政策和稳健的货币政策对东亚国家走出危机困境，实现经济复苏起了重要的作用。

（四）金融体系的改革和整顿

金融危机暴露了有关国家的金融脆弱性，因此，危机后各国都加快金融体系的改革和整顿，使其更加市场化和国际化。如1996 年11 月，日本当时的首相桥本龙太郎指示大藏省和法务省着手准备于2001 年前完成的改革方案，对日本的金融体制进行彻底的改革。改革的目标是把日本金融市场变成一个基于市场机制的自由市场，透明的、值得依赖的公正市场，超越时代的全球化市场。这次金融改革，是一次全方位的改革，目标明确，强度很大，在很短的时间内大量的政策法规集中出台，并且有明确的时间表，要求改革的主要工作在1998 年内完成，随后进行相关项目的改革，全部工作预定在2001 年结束。因此，被称为"大爆炸"式改革。东亚金融危机后，各国政府抓住时机，加大力度降低不良债权，整顿金融市场，包括首先处理地产业危机，其次，关停不佳银行，实施金融重组。从1997 年8 月到1998 年2 月，泰国关闭了56 家金融机构，接管了3 家商业银行，使国家经营的银行增加到5 家。印尼采取关闭和合并的措施，1997 年11 月，央行关闭16 家经营不善的商业银行，1998 年1 月，又将5 家私营银行合并成12 家。最后，允许外国投资者收购本国银行或增加在银行中的股份，作为应对金融危机、解决银行呆账、化解债务危机的重要手段。泰国、菲律宾、马来西亚、印度尼西亚都将外国投资者在银行中拥有的股份增加到50% 以上，印尼甚至允许外国投资者拥有100% 的股份。韩国也加大了金融业对外开放的力度，允许外国股份投资的比例达到50%，并承诺尽快开放短期债券市场。总之，金融危机尽管给有关国家带来了重大的损失，但是大动荡也带来大调整的机遇。危机后各国的改革力度和深度都是危机前所无法比拟的，这种重度调整是对金融缺陷的大弥补，对经济可持续发展是极为有益的。

（五）经济增长方式的改变

1997年7月爆发的亚洲金融危机暴露了"东亚模式"的缺陷，使东亚国家纷纷反思其经济增长模式中存在的种种问题，并先后采取一些措施，以弥补这些缺陷。这些措施主要包括三大类：（1）整顿过度扩张企业，停止银行对没有生存能力的企业放款，引导投资方向，防止低水平重复投资，减少过剩部门供给能力；（2）减少和调整现有的政府补贴措施，加大对教育和科技的投入，更加重视产业结构的升级换代；（3）加快国有企业民营化进程，弱化政府与企业关系，提高国内市场企业间的竞争度。这些措施的制定和实施有助于东亚国家持续改善经济基础，创造更为有利的投资和融资环境，实现内需和外需共同拉动经济增长的均衡发展。

（六）非常规措施的应用—资本管制

东亚金融危机中，泰国和马来西亚采取了资本管制这一非常规的做法，目的是为了限制短期内的资本外流。泰国在1997年5月开始，实施了小范围内的资本管制，试图通过限制本国居民与非居民之间及非居民内部之间的外汇交易来减少资本流出，但这种小范围的资本管制未能起到限制资本外流的作用，1998年1月，上述限制被取消。

在马来西亚，危机发生后，政府立即采取了双紧的货币和财政政策，其货币政策与其他类似国家相比收缩得更紧。但是，由于私人部门的借款占 GDP 相当高的比重，马来西亚的银行和公司对高利率的承受力很脆弱。而邻近的新加坡市场也提供马来西亚林吉特交易，同时提供马来西亚股票交易，因此，马来西亚很难降低本国的利率水平。1998年9月，俄罗斯危机导致国际金融市场越来越混乱，马来西亚决定实施资本管制，以便减少内部和外部金融市场之间的联系。马来西亚运用资本管制使利率降低，同时放松了财政政策。利率水平的降低，促进了资本流通，信贷成本随之下降，商界和消费者的情绪也不断提高。资本管制为重构金融体系提供了宝贵的空间，随着1998年9月措施的实施，逐步稳定的经济环境挽回了海外投资者和市场分析家对马来西亚经济的信心。随着经济的逐渐复苏，1999年9月1日，资本管制措施被取消。尽管最初人们对资本管制措施的作用感到怀疑，但事实证明它促进了马来西亚经济的稳定和发展。马来西亚的经验为危机应对的政策决策提供了很好的借鉴和启示。

第四节　金融危机的教训及应对措施的启示

一、金融危机的教训

总结20世纪90年代以来金融危机发生、识别及应对的国际经验，可以得出如下教训：（1）完善的宏观经济管理制度和强大的银行体系是避免金融危机、实现宏观经济稳定的两个主要支柱。（2）选择合适的汇率制度，实施恰当的汇率政策，是开放经济条件下决策者必须考虑的重要问题。（3）对金融全球化的风险要有清醒的认识并加强管理。国际经济全球化和区域集团化，为各国带来了机遇，但也带来了新的风险和问题。在条件不具备的情况下，全面开放金融市场，可能会产生极其严重的后果。如东亚金融危机也是源于金融市场开放过快而对金融市场全球化带来的风险管理不足。现有的国际金融市场存在重大缺陷，缺乏对短期资本流动的有效监督机制。因此，如何构建一个新的框架来管理金融全球化成为世界各国面临的共同课题。（4）利用外资时不能被外资利用。过分依赖海外市场资金，削弱了经济发展的独立性，并使经济发展周期受到外资流动的牵制，尤其是短期游资导致经济的不稳定是历次危机的重要原因之一。（5）金融市场的开放必须是有序的和渐进的。一国的资本市场开放不仅要渐进，而且要有序，充足的外汇储备是金融市场开放稳步进行的必要保证。

二、金融危机应对措施的启示

有关国家在应对金融危机的过程中，在政策操作及效果上给我们带来很多有益的启示：

（一）汇率政策的操作

经验表明，危机发生后，一国外汇储备在投机冲击下无足轻重。在欧洲，以英国为例，在亚洲，以韩国为例，央行都拥有高额的外汇储备，但他们都无力对外汇市场进行干预，只做了很短时间的努力就不得不放弃干预了。因此，货币贬值成为被冲击国政府的主要对策。但是，由于操作不同，货币贬值却有不同的后果：1992年欧洲货币危机中，英镑的贬值就取得了良好的防止进一步投机的效果。瑞典的贬值对策也使得投机者认为贬值已经贬到底了，因而停止对瑞典克朗的投机。但1994

年墨西哥的汇率操作则效果大异，当墨西哥比索贬值 15% 时，反而引发了更大规模的投机冲击，使墨西哥遭受了重大损失。其原因在于贬值幅度不够，只相当于多恩布什等经济学家建议贬值幅度的一半。结果是投机者认为这一次贬值只是下一次贬值的开始，于是投机加剧。因此，汇率政策的关键在于市场主体对汇率水平变化的理解。克鲁格曼等（1999）的研究为汇率政策的实际操作指出两条思路：（1）投机行为对外汇储备的最低限是比较敏感的，因此，中央银行即使自己有一个确定的最低限也一定不能暴露自己会在一个确定外汇水平上放弃固定汇率；（2）中央银行在进行汇率贬值政策操作时必须遵守这样的规则，即如果决定贬值就要一次性贬够，否则，就只是给市场设定了还会进一步贬值的预期。贬值以后，必须发出明确的信号，表示一切都尽在掌握中，稳定投资者的信心。否则，贬值只会放大人们对实质经济的担忧，令市场恐慌①。

（二）资本管制政策的使用

亚洲金融危机中，马来西亚的资本管制政策取得了较好的效果。但是，资本管制政策的运用一定要谨慎，对资本流动性的限制尤其是对短期资本流入的限制会带来很多负面影响。马来西亚在实施资本管制政策的同时，很注意与其他宏观经济政策相配合，并且及时调整政策。尤其是管制被迅速结束的现实②

---

① 克鲁格曼：《萧条经济学的回归》，中国人民大学出版社，1999 年版，第74 页。

② 1999 年 2 月，政府便将 1998 年 9 月的管制措施改变为向流出的短期资本征税，税率与流出的数量正相关，与短期资本的期限负相关。1999 年 9 月资本管制政策被取消。

使得投资者没有机会去规避和利用管制寻租，从而保证了管制政策的有效性。但是，尽管如此，资本管制只能作为短期措施，而且必须慎用。

第五节 中国金融脆弱性分析

历次金融危机的爆发，中国金融体系都未遭受直接的冲击。尽管总是有人预测中国可能是金融风暴的下一张多米诺骨牌①，人民币汇率将在危机的冲击下垮台。但是，1997 年亚洲金融危机和 2008 年美国次贷危机都未对中国的金融体系造成直接冲击（尽管危机的波及对中国实体经济带来较大的负面影响）。究其原因，主要是资本账户的有限开放使中国金融体系与国际市场隔离，并不是中国金融体系有足够的抗风险能力。相反，经过30 年经济快速发展，中国金融体系的诸多缺陷在未经过危机强力调整的情况下，风险在内部循环多年后已成为经济可持续发展的桎梏。而作为典型的赶超型国家，中国的一些宏观政策和制度又进一步强化了这些风险。从宏观和微观两个层次看，中国金融脆弱性主要体现在以下几个方面：

一、国内金融管制导致过度投资和低效投资，并引发"道德风险"

国内金融管制主要体现两个方面：一是行业准入。近年来，

————————

① 最引人注目的是，在 1998 年 10 月 24 日《经济学家》杂志的封面上，中国被描绘成在风暴中的一叶扁舟，醒目的标题是"中国，金融风暴的下一个目标？"。

金融改革的核心一直围绕已有的几家银行的改制进行，事实上偏离了真正意义上的市场化。所谓市场化改革，首先应该营造公平竞争的市场环境，表现在行业准入上就是应该对合规资本包括民营资本一视同仁。行业准入上的歧视导致仅有的几家银行依靠垄断经营，经营模式和业务模式都缺乏创新激励，从而使风险出现同一性，一旦发生冲击，一荣俱荣，一损俱损，无法出现风险对冲。二是利率管制。中国利率市场化改革迟迟没有推进，政府依靠压低储蓄利率为银行提供利润空间，并因此压低资金成本，为企业提供低息贷款。但在现有体制下，尤其是 2003 年以来国有企业的垄断性扩张，再加上银行市场缺乏竞争，为数不多的银行"懒惰"地将业务集中到国有企业，或者政府支持的项目。一方面，大量中小企业缺乏资金，致使经济缺乏活力，对社会就业、产业转型、技术创新都带来严重的负面影响，另一方面，贷款集中发放导致产能过剩，造成社会资源的大量浪费。更重要的是，低利率对储蓄者的掠夺加大了贫富差距（尤其是对弱者的掠夺，富有者很少把储蓄作为理财方式，储蓄的恰恰是财富的弱势群体），削弱了消费能力，削弱了经济发展的动力。

从道德风险看，中国银行体系事实上存在隐性财政担保。首先，银行主体是国有银行，其次，银行贷款主要与国有企业结合，再者，银行贷款大量投向国家明确支持的项目，如 2008 年美国次贷危机后，银行贷款纷纷投向"铁公基"项目，包括向地方政府融资平台的贷款。以上银行贷款都基于国家财政和地方财政的隐性担保，银行缺乏动力回避商业风险，"道德风险"由此发生并强化。前已述及，"道德风险"被认为是导致亚洲金融危机的主要原因。一旦中国快速经济发展进程出现波折，银行大量呆坏账就会产生，中国缺乏竞争的金融体系很难化解系统性风险。

二、"高储蓄两难"与人民币汇率制度改革

1994 年人民币汇率机制改革后，中国采纳了盯住美元的有管理的浮动汇率制。1997 年亚洲金融危机爆发后，为承担国际责任，中国宣布人民币不贬值，随后将人民币固定在 1 美元兑换 8.277 元人民币的水平。进入 21 世纪后，国际环境发生变化，中国经济快速融入全球经济，尤其是 2002 年以后，美元进入贬值周期，人民币被低估的声音渐起，特别是 2002 年以后，中国外汇储备超高速增长，人民币升值预期不断加大。2005 年 7 月，中国启动人民币汇率形成机制改革，由盯住美元改为盯住"一揽子"，同时加快改革外汇市场，人民币进入有序升值阶段。2008 年美国次贷危机的爆发打断了人民币升值进程，面对全球经济萎缩，金融市场混乱，中国将人民币由暂时盯住美元，一直到 2010 年 6 月 19 日重启以市场供求为基础、参考一揽子货币进行调解、有管理的浮动汇率制改革，至此与 2005 年 7 月比，人民币汇率已升值 21%[①]。然而，金融危机的冲击促使贸易保护主义抬头，要求人民币升值的压力逐日加大。2010 年 7 月 26 日国际货币基金组织委员会在审议中国经济报告时判定人民币大幅低估，加大了重估人民币汇率的压力。尤其是美国采取一系列工具施压中国允许人民币升值，美国国会众议院于 2010 年 9

---

① 数据来源：CCTV《环球财经连线》，2010 年 6 月 20 日。

月 29 日投票通过了一项旨在对所谓低估本币汇率的国家征收特别关税的法案，这是美国首次以立法方式逼迫人民币升值。与此同时，截至 2010 年 6 月，中国外汇储备已高达 2.45 万亿美元，随着人民币升值预期的加大，热钱快速流入中国，高额外汇储备进一步加大了人民币升值的压力。

针对东亚国家的高额外汇储备问题，罗纳德·I·麦金农提出"高储蓄两难"① 的概念，即：任何无法以本币提供信贷的国际债权国都将出现货币错配问题，称之为"高储蓄两难"。这些国家通常会出现国际收支经常项目顺差，即向外国提供融资。随着时间的推移，会出现两种情况：（1）随着美元权益的积累，国内美元资产持有者越来越担心美元资产，会不断转为本币资产，迫使本币升值；（2）外国人开始抱怨该国持续的贸易顺差是由于货币低估，这是不公平的做法。这两种情况往往交织在一起，国外要求本币升值的压力越大，国内美元资产持有者就越忧心忡忡。当美元资产开始转为本币资产时，政府就会左右为难。因为，如果允许本币升值，就会引发通货紧缩，经济最终陷入零利率的流动性陷阱，尤其在国内物价已经走稳的情况下更是如此。但如果债权国不让本币升值，国外就会以贸易制裁相威胁。

从历史看，20 世纪 70 年代以来的日元升值（1971 年 8月—1995 年 4 月）、80 年代新台币升值时面临的境遇以及目前中国人民币面临的升值压力都充分体现出作为"美元债权人"

---

① 罗纳德·I·麦金农：《美圆本位下的汇率—东亚高储蓄两难》，中国金融出版社，2005 年版。

的"高储蓄两难"困境。这种困境带来的货币升值压力除了麦金农教授提到的国内美元资产持有者调整资产结构以及国际上的压力外，还有一个不容忽视的巨大压力即升值预期下的货币投机。由于国际投机资本实力雄厚，一旦货币升值预期形成，当它们集中力量冲击一国的固定汇率制度时，中央银行很难与之抗衡，除非消除货币升值预期。

目前看，中国已经深深陷入"高储蓄两难"困境，人民币升值的单向预期已经形成并不断加强，按照麦金农教授的观点，从经济意义上来说，最优的方案是人民币兑美元维持固定汇率，但这在政治上以及事实上已经不可能，2005 年 7 月 21 日起的人民币汇率改革已经启动了人民币兑美元逐渐升值的进程。对此，麦金农教授认为，中国面临的潜在通货紧缩问题将会恶化，中国将很难避免零利率流动陷阱，就像日本早期的经验一样。

然而，目前中国经济实力与日元升值时的日本相差甚远，当时日本已形成强大的制造能力，日本自主品牌的工业品在全球具有强大的竞争力，日本高额外汇储备源于庞大的贸易顺差以及日本央行干预日元升值的行为。而中国目前只是"加工组装大国"，缺乏自主知识产权，在全球生产链条中处于利润最低端。总之，从经济基础、国际清偿能力、外汇储备来源与结构来看，当前人民币升值的经济背景与日元有很大区别。日元升值没有改变日本的贸易顺差，对外贸易始终是牵引日本经济走出通货紧缩的引擎。但人民币升值对于以加工贸易为主、出口企业严重依赖外资的中国贸易收支的影响恐怕很难乐观，当人民币升值到一定程度，资本大量流入发生逆转，中国如何保障金融安全将是一个严峻挑战。

三、国际收支失衡与资本账户开放

从国际收支平衡表看，2000 年以来中国国际收支呈现以下突出特征：

（一）双顺差规模快速扩大

尤其是 2004 年以来，发生跳跃性增长，外汇储备超速增长，2009 年底高达 2.4 万亿美元，是 2000 年 1656 亿美元的近 14.5 倍。

（二）经常项目顺差主要来自货物贸易顺差，服务贸易一直处于逆差状态，而收益项目对顺差的贡献逐年增加。

（三）直接投资一直是资本和金融项目顺差最稳定、最主要的来源，尽管 2005 年后中国对外直接投资快速增加，但外商对华直接投资仍然远远高于中国海外投资规模。

（四）短期资金流动①规模急剧扩大，占资本流动总额的比重迅速提高

2007 年短期资本流入高达 6813 亿美元，短期资本流出高达 7531 亿美元，分别是 2001 年的 17.4 倍和 25.4 倍。与此同时，短期资本流入和流出占资本流入和流出总额的比重也分别从 2001 年的 39% 和 46% 上升为 2007 年的 74% 和 89%。

（五）其他投资项下外债资本大进大出，给中国金融稳定带来隐患

2006 年以后，当年贷款项下外债流入和流出额都远远高于

---

① 短期资本数据依据国际收支平衡表资本和金融项目，由货币市场工具、短期贸易信贷、短期贷款、货币和存款、其他短期资产和负债组成。

当年外债余额，一方面说明大量短期资金进出中国金融市场但并未形成外债余额，另一方面则说明虽然中国外债各项指标都在国际安全线以内，但并不表明中国的外债管理可以无忧。如此大规模的外债流入和流出（2007年贷款项下外债流入5490亿美元，流出3736亿美元）一旦失去平衡，对中国金融稳定将带来巨大冲击。

（六）外汇储备投资成为中国资本流出的主要方式

2007年中国以储备资产形式持有的资产占中国对外总资产的比重高达67%。与日本同期相比，虽然2007年末日本持有的外汇储备亦高达9000亿美元，占全球第二位（我国当时为1.5万亿美元，位居全球第一），但日本储备资产仅占其对外总资产的18%，可见中国对外投资存在较大的结构性失衡。

（七）外汇储备的超常增长显示大量不明资金绕过了外汇管制进入国内，成为影响我国金融稳定的巨大隐忧

除掉贸易顺差、外商直接投资、外汇储备投资收益等，大量不可解释的外汇流入说明，大规模的热钱正在绕过外汇管制进入中国，其目的是谋取人民币升值的收益。对于到底有多少热钱流入国内，不同测算结果差异很大。中国社科院张明认为流入中国的热钱总规模已达惊人的1.75万亿美元，银河证券估计，2005年—2008年5月，流入热钱4593亿美元，约占同期新增外汇储备的40%，德意志银行经济学家迈克尔－佩蒂斯（Michael Pettis）撰写的研究报告认为，2008年前四个月实际热钱流入量达到3700亿美元，高于2300亿美元的外汇储备增幅。尽管对热钱具体数据难以掌握，但巨额投机性热钱进入国内已是不争的事实，并已对我国宏观经济稳定和货币政策独立性形

成牵制，如何阻挡热钱的持续流入以维护我国货币政策的独立性、同时防范资本流入突然逆转引发金融动荡已成为中国政府当前面临的巨大挑战。

"双顺差"和巨额外汇储备显示出中国国际收支失衡较为严重，一些国家据此指责中国从事不公平贸易竞争，是导致全球收支失衡的主要责任者之一。国际收支失衡及其负面影响对中国资本项目管理带来严峻挑战，而资本项目管理不慎是发展中国家引发金融危机的重要原因。2000年以来，中国资本管制政策取向逐渐由"宽进严出"向平衡资本流入和流出的"均衡管理"思路转变，2003年以后，随着人民币升值预期的增强，大量投机人民币升值的资金通过各种渠道开始进入中国，资本项目管理政策开始鼓励对外直接投资，放松对外证券投资，同时防范热钱流入；在资本期限结构方面，我国资本管制政策始终坚持"宽长严短"的原则；在外债管理方面，自亚洲金融危机以来，我国加大了对外债的管理力度，高度重视借用国外贷款的安全性。总之，资本管制的政策目标最终是使国际资本流动有序进行，支持国家宏观经济目标的实现。

从近年来中国资本流动特点看，我国资本管制实际效果与上述政策目标存在一定程度的偏离：一是外汇储备的超速增长表明资本流动规模迅速扩大的同时，流入和流出的不平衡程度加剧；二是贷款项下大规模资本进出显示出外债管理中过程监管面临严峻挑战；三是始终存在的国内不明资产外流现象说明对资本外逃的监管存在很多漏洞；四是短期资本比重快速上升使我国资本流动呈现短期化特征；五是在当前资本流动异常的情况下，外汇占款成为央行基础货币投放的主渠道，影响了国内利率和物价水平，外汇储备增长势头不减，央行外汇冲销能力几近极限，货币政策独立性受到严重挑战，资本管制政策未能有效减缓资本大量流入的压力，尤其是堵塞热钱进入的渠道。综上可以看出，中国资本法规管制与资本流动出现一定程度的背离，一方面说明资本管制有效性偏低，另一方面也显示出资本管制的局限性，即引发资本流动的很多问题并不能仅仅依靠资本管制来解决。如何管理资本流动，维护国家金融安全成为一个极具挑战的重大课题。

第六节　化解金融风险、促进经济 可持续发展的政策应对

2008 年美国次贷危机后，全球经济金融将进入新的调整期。无论来自外部的倒逼压力还是内部的调整需求，从微观看，中国滞后的金融体制改革势在必行。从宏观看，国家发展战略的相关调整必须加快推进。只有这样，才能从根本上增强金融竞争力，防范金融危机。

一、加快国内金融体制改革，提高金融体系的抗风险能力

2001 年 12 月中国加入 WTO 后，国内经济融入世界经济的进程明显加快。相比之下，国内金融体制的改革明显滞后，远远不能满足开放条件下经济发展的要求，甚至成为经济发展的阻碍，金融部门已成为中国经济中最薄弱的环节。加快金融体制改革，提高金融体系的抗风险能力已刻不容缓。

首先，必须加快扩大金融领域的行业准入，尤其对民营资

本放开，允许建立各种所有制银行，包括私人银行，促使庞大的地下融资转为合规监管下的民营金融机构的金融业务活动。通过增加经营者数量促进银行机构之间的市场竞争，通过竞争提高金融体系的竞争能力，使银行回归优化资源配置的本位。

其次，加快推进利率市场化改革，改变扭曲的市场激励机制。利率管制扭曲了资金价格，降低了投资效率，也使整个银行体系缺乏抗风险能力。随着利率市场化的逐步推进，一方面迫使银行积极拓展其它业务，努力创新，不同银行之间形成相对优势，不仅有利于整个银行体系的风险对冲，也有利于社会资源的有效配置，提高投资效率。另一方面，利率市场化必然带来存款利率的上升，有利于提高储蓄者福利，对扩大消费也有积极作用。

第三，建立完善资本市场和其它相关金融市场，适度降低间接融资的比重。目前，企业主要以银行贷款为主要融资渠道，中国资本市场的发展起步较晚，由于缺乏治理，投机活动盛行。近年来，股市发展较快，债市尤其是企业债券融资一直受到市场规模的限制。随着国内国际金融环境的变化以及经济发展的需求，应加快完善资本市场，建立起银行、股市、债市、外汇市场及金融衍生品市场等现代金融体系，拓展企业的融资渠道，增加企业的避险选择。

二、推进人民币汇率形成机制改革，逐步扩大人民币汇率弹性

2010 年 6 月 19 日，人民币重启由市场供求决定、参考一揽子货币调节、有管理的浮动汇率机制，中长期人民币升值的趋势已定。事实上，人民币汇率低估尽管有利于降低出口产品价格，但同时也带来国民福利的损失。在人民币汇率低估的情况下，中国出口产品价格被低估，进口产品价格被高估，国内要用较多的资源才能换取国外产品，在当前国内资源能源紧张、环境遭受重大破坏的情况下，中国在国际市场上以低价格产品进行的贸易活动是否具有经济性值得怀疑。当然，经过改革开放30年，中国对外需的依赖日益加重，大量国内资源配置到外贸部门，人民币升值对外贸单个部门来说弊大于利，但对于整个国家来说情况未必如此。如果人民币汇率低估迟迟不能得到纠正，那么实际汇率升值必然会传递到国内价格体系，有可能引发通货膨胀，将对中国整体经济和所有部门带来负面影响。反之，汇率升值有利于调整资源配置，将外贸部门的过度投资转移出来，有利于经济的均衡发展。事实上，2010年以来人民币汇率升值的国际压力不断加大，贸易保护主义不断增强，国际汇率大战的阴影已有所显现。被动调整不如主动调整，人民币的升值途径可采用小幅快速升值，同时扩大浮动区间，央行适时干预以显现人民币汇率的双向风险，打击投机资金押注人民币单向升值的预期。当然，人民币汇率制度改革是个系统工程，在人民币汇率升值的过程中，货币政策、财政政策、外汇管理政策、外资外贸政策等都需相互配合，减轻因人民币对外价格调整对宏观经济的冲击。

三、分阶段推进资本账户开放，促进国际收支基本平衡

资本项目可兑换的实践时间并不长，尽管美国、日本和欧洲是这一领域的先行者，但他们在20世纪70年代末之前都存

在较为严格的资本管制，特别是针对证券投资的管制。20世纪80年代之后，发达国家纷纷放松资本管制，逐步推进资本项目可兑换。发展中国家为谋求金融全球化的收益，也加快了资本账户开放的步伐。由于各国资本账户开放的初始条件不同，经济基础和制度环境各异，各国相关的实践历程存在很大差别。尽管如此，依然有一些共性的经验和教训可以总结出来，为我国推进资本项目可兑换提供启示和借鉴。主要包括：（1）资本账户开放应循序渐进，在开放顺序安排中，对中长期资本管制的放松应优于对短期资本管制的放松。（2）资本账户开放应在国内宏观经济条件允许的基础上推进，并注重与宏观经济政策相协调。（3）随着资本管制的放松，货币政策独立性和固定汇率之间的冲突不可避免，也难以调和。在保持货币政策独立性的前提下，浮动汇率制便成为资本项目可兑换的必要条件。（4）健全的金融体系是一国在资本账户不断开放的进程中，维护金融稳定、避免金融危机的重要保障。（5）资本账户开放的进程是可逆的，几乎所有国家在放松资本管制的过程中都曾出现反复，为应对经济失衡重新起用部分资本管制工具。

美国次贷危机迅速演变为金融海啸，并逐步影响到实体经济。虽然对我国金融体系并未带来直接冲击，但是作为一个开放的经济体和全球经济的重要组成部分，次贷危机对中国的影响不能低估。其影响：一是中国大量外汇储备有可能缩水。二是次贷危机适逢我国经济结构进入调整期，随着金融危机的发展，国际贸易萎缩，贸易摩擦会增加，不利于我国扩大出口。三是危机爆发后中国经济率先恢复增长，美国经济持续低迷，欧洲深陷主权债务危机，中国经济的良好表现和人民币升值预期导致大量热钱流向中国，再加上应对危机期间中国银行的天量贷款，中国流动性过剩有可能加重房地产泡沫（股市目前处于低迷状态）。目前，中国正在调整房地产市场，加大产业结构调整力度。一旦中国经济增长明显放缓，再加上房地产市场泡沫破裂，人民币升值预期减退，大量资金外逃在所难免。如何在这种严峻的形势下推进资本账户开放，对中国金融稳定至关重要。

资本账户管制成为抵御亚洲金融危机和当前美国次贷危机对中国直接冲击的有效屏障，毫无疑问，对资本项目在一些关键领域的较为严格的管制使中国金融体系与国际金融体系相对隔离，从而幸运地避开了两次重大国际金融危机的直接冲击。一方面，说明中国谨慎推进资本账户开放是一项正确的策略，另一方面，应该看到，面对国际金融市场的风险冲击，中国金融机构远远不具备国际竞争实力，相比之下中国金融体系的脆弱性更大，因资本管制而幸免于灾并不能成为拖延国内金融体制改革和开放的借口。

良好的宏观经济状况和相应的制度建设是资本项目可兑换顺利推进的必要前提。所谓良好的宏观经济状况，主要是指持续稳定的经济增长、较低的通货膨胀率、国内经济结构不存在重大失衡，这些条件决定了我国资本项目开放的时机选择。而相应的制度建设则包括健全的国内金融体系，包括具有国际竞争力的金融机构、完备的包含各个层次的金融市场，市场化利率形成机制、强有力的监管体系，以及自由浮动的汇率机制等等，这些制度的完善是获取资本项目可兑换预期收益、防范资本账户开放可能带来巨大风险的基础保障。

目前，无论从宏观经济状况还是从制度建设看，我国离资本项目可兑换的要求还有很大距离，因此人民币资本项目完全可兑换是一个长期目标。鉴于制度完善不能一蹴而就，需要在不同阶段逐步建设和健全，从而决定了资本项目可兑换需要按阶段推进。考虑到全面建设小康社会是我国 2020 年的奋斗目标，届时我国经济建设、对外开放、市场化体系等都将达到一个新的水平，我国完全有条件、有能力实现人民币资本项目完全可兑换。因此，基于当前的条件和未来的目标，人民币资本项目可兑换在坚持"逐步、可控、有序推进"的原则下，依据国际经济金融环境、国内宏观经济状况和制度条件，可将人民币资本项目可兑换进程大致分为三个阶段，争取到 2020 年基本实现人民币资本账户完全可兑换。不同阶段资本账户开放的目标、主要任务及相应的制度建设如下：

（一）第一阶段："十一五"末期到"十二五"前期

由于次贷危机仍在持续，无论是发达国家还是发展中国家正在全力阻止危机恶化，全球金融市场和国际金融格局演变的趋势很难判断。我国现阶段应高度关注短期资本的流动态势，防止短期资本大规模集中流出对经济带来巨大损害。因此，未来两年可适当暂缓我国资本账户开放进程，主要对已开放项目的内容进行调整。该阶段的主要目标是：完善有效的短期资本流动监测预警系统，稳定外商直接投资，在加强监管的同时使对外直接投资有一个跨越性发展。

相关制度建设：①加强资本流动监控体系建设，堵塞隐蔽性资本的进出渠道，提高资本管制的针对性和有效性。②加强对外投资监管体系建设。③建立、完善国内银行对经济的促进机制。④人民币汇率适度升值。⑤吸取国际经验，改进金融监管标准、预警系统和风险防范体系。

（二）第二阶段："十二五"中后期

从我国金融现实看，未来相当长时间银行主导的金融格局在我国工业化进程中举足轻重，培育具有市场竞争力的银行体系是我国金融安全的重要保障。随着汇率灵活性加大，利率管制和行业准入放松，将创造一个市场化的金融市场环境，金融机构在激烈的市场竞争中将重新洗牌并出现真正的强者。在这之后，随着资本账户开放，外资金融机构的进入将是我国金融体系的补充，而不会掌控我国的金融命脉。因此，该阶段资本账户开放要与国内金融自由化协调。该阶段主要目标应是：基本建成充分竞争的国内金融体系，同时资本账户开放步伐显著加快。

其他政策协调及制度建设：①保持适度从紧的货币政策，严格控制通货膨胀，尝试将资产价格列入央行的宏观调控范畴中。②完善人民币汇率形成机制，加大人民币汇率波动幅度，在外汇市场中创造双向风险。③完善社会信用体系建设，加快国内金融自由化步伐，降低金融机构的进入门坎，为民营金融机构参与竞争营造政策环境和市场环境，在此基础上谨慎放松部分利率管制。④加强金融监管协调，完善金融机构内部风险控制，健全存款保险机制和金融机构退出机制。⑤加快完善资本市场制度建设和金融基础设施建设，加快企业债券市场发展，鼓励金融制度创新，围绕实需交易推出避险工具。

（三）第三阶段：2016 年至 2020 年，即"十三五"时期

该阶段的目标是：基本实现开放条件下人民币资本项目完

全可兑换。为此，相关制度建设和政策调控：该阶段我国外汇管制的原则实现从"有例外的限制外汇交易"向"有例外的外汇交易自由化"转变（即从指定许可交易到指定禁止交易转变)①；利率管制基本取消；人民币汇率基本实现自由浮动；汇率政策由人民银行移交财政部，财政政策更加符合开放经济的要求；人民银行具有充分独立性，货币政策逐渐转向盯住通货膨胀和资产价格为目标，且通过利率手段进行有效调节；资本市场建设不断完善，逐步成为企业融资的主要渠道之一；国内金融市场能够提供足够的避险工具，衍生金融工具市场得到充分发展。金融监管体系由多头监管走向一元化监管。此外，该阶段资本账户的顺利推进还要取决于我国经济增长方式的转变，否则，在经济内外失衡情况下，资本账户将呈现极不稳定的状态，资本管制失控将导致资本账户开放难以有序进行。

四、破解"高储蓄"两难，推动人民币区域化和国际化进程

"高储蓄"两难问题的症结在于美元主导的国际货币体系，推动人民币区域化国际化是破解这一难题的有效策略。2008年始于美国的国际金融危机不仅迫使美国开始转变负债消费的增长模式，对美元的霸权地位也带来冲击。从长期看，尽管美元在相当长时间依然能够保持霸权地位，但美元的相对地位将逐渐衰落。多元化国际货币体系的建设将提上日程，对全球经济稳定具有重要作用的国家货币将发挥更大的作用，人民币在国

---

① 即所谓的从正面清单向负面清单的转变。

际金融新格局中将扮演更积极的角色。与此同时，地区之间的金融整合会加快步伐。对东亚地区来说，金融危机将逐渐改变该地区对美元的过度依赖，鉴于中国经济在该地区经济稳定的重要性，人民币区域化既符合该地区的经济需求，也符合中国的政治和经济利益。

2009年3月23日，时任中国人民银行行长周小川撰文指出，此次金融危机的爆发并在全球范围内迅速蔓延，反映出当前国际货币体系存在内在缺陷和系统性风险，应该考虑充分发挥SDR（特别提款权）的作用，以超主权储备货币替代单一主权货币。周小川的文章反映了中国改革国际货币体系的呼声，与此同时，中国积极推进跨境贸易人民币结算，加快了人民币区域化国际化步伐，主要举措：（1）人民银行与部分国家央行签署《双边货币互换协议》，提供人民币流动性支持，为人民币参与国际贸易结算创造条件，提高人民币的国际化程度和国际地位，继而为人民币成为国际储备货币奠定基础。截至2010年9月，签署规模为8000亿元人民币（参见表1-3）。（2）快速扩大人民币贸易结算试点范围。2009年4月开始跨境贸易人民币结算试点，2010年6月，跨境贸易人民币结算试点地区由上海市和广东省的4个城市，扩大到20个省（自治区、直辖市）。试点业务范围包括跨境货物贸易、服务贸易和其他经常项目人民币结算；不再限制境外地域，企业可按市场原则选择使用人民币结算。2010年10月1日起允许依法办理人民币资金收付的境外机构银行结算账户，用于依法开展的各项跨境人民币业务。（3）积极推进香港人民币离岸业务，以香港市场为主探索发展人民币境外业务。2010年以来，央行在香港人民币业务方面出

台了一系列新的推动措施，包括 2010 年 7 月 13 日授权中银香港
为台湾人民币现钞业务清算行，向台湾商业银行提供人民币现
钞兑换、供应及回流的服务；7 月 19 日与香港金管局签订的补
充合作备忘录，以及与中银香港签署修订的《香港人民币业务
的清算协议》等。

表 1–3　中国人民银行签署《双边货币互换协议》的国家与规模

时 间	国 家	规 模
2008 年 12 月 12 日	韩 国	1800 亿元人民币
2009 年 1 月 20 日	香港特别行政区	2000 亿元人民币
2009 年 2 月 8 日	马来西亚	800 亿元人民币
2009 年 3 月 11 日	白俄罗斯	200 亿元人民币
2009 年 3 月 23 日	印度尼西亚	1000 亿元人民币
2009 年 3 月 29 日	阿根廷(框架协议)	700 亿元人民币
2010 年 6 月 9 日	冰 岛	35 亿元人民币
2010 年 7 月 10 日	新加坡	1500 亿元人民币

　　人民币国际化路径很清晰，央行近期的重点[1]是以中国与周
边和区域的经贸联系为纽带，以跨境贸易人民币结算试点为切
入点，逐步扩大人民币的跨境使用规模和业务范围。与此同时，
稳步有序开展境外人民币回流投资，逐步有序地允许符合条件
的国外央行和金融机构以适当方式、在一定额度内将其持有的
人民币投资境内债券等金融市场，满足必要的投资保值需求。
　　然而，考虑到当前中国经济金融现实，人民币国际化进程

---

[1]　中国人民银行研究局副局长易诚在南京市政府主办的"2010 南京市长国际
企业家论坛"开幕式上的演讲中指出，资料来源：《大公报》，2010 年 9 月 16 日。

将受到国内诸多条件的约束：（1）进出口贸易条件约束人民币的输出和回流。货币国际化首先是货币输出，国际市场愿意这种货币用于结算。货币输出或者通过经常项目逆差，或者通过资本项目。战后初期美元依靠借贷输出，70年代以后主要依靠经常项目逆差流出。美国经验不可复制，而日元是在现有国际货币体系下国际化的典型，值得借鉴。日元输出主要是日元贷款，日元国际化鼎盛时期日元结算占其进口的30%，出口的40%，取得这样的成绩主要源于当时日本先进的制造业具有出口定价权。目前中国以加工贸易为主，没有出口定价权，难以使用人民币结算。一般说来，进口方有选择货币结算的优势，但中国进口中一类主要产品是大宗商品，如铁矿石、石油等，这些产品都是美元标价，而且是垄断供给，中国是没有定价权的。另一类为加工贸易进口，如果最终产品的销售市场是美元或欧元市场，也不会用人民币结算，否则会出现财务上的货币错配。所以，对外贸易中有可能使用人民币结算的规模并不大，主要涉及国内市场消化的进口产品、与主要逆差国的贸易尤其是未来台湾、香港，进而推广到东亚及中亚等地，这是人民币现实的输出途径。（2）最重要的是，中国整体实力尚不具备支撑一个国际货币的信用。货币国际化是一国货币信用达到承担国际间经济交往的程度，支撑货币信用的根本是一国的综合实力，包括经济、政治和文化实力，并且这个国家的发展可预期。首先，从经济实力看，尽管2010年中国GDP总量跃居全球第二，但人均GDP在世界排名是90多位，按照人类发展指数HDI排名更靠后。从历史经验看，日本1968年时经济实力已世界第二，80年代中期才开始推动日元国际化进程。美国更不用说，第一次大战时经济实力已超过英国，战后美元才凭借超实力取代英镑。所以，从实力看，人民币还远远不具备国际化的条件，更何况当前中国经济社会发展面临很多不确定性，必然影响人民币信用。（3）中国的宏观调控能力和金融市场深度与人民币国际化的要求还有相当大的差距。首先，人民币国际化必然涉及人民币回流的问题，当前国内股市、债市无论深度还是广度都不可能吸纳境外大规模的人民币投资，何况目前国内自身的流动性都无法吸纳。其次，资本账户开放是人民币国际化的前提，在国内利率尚未市场化、汇率制度改革尚未完成的情况下，资本账户开放过快必然会引发金融动荡。第三，从宏观管理看，人民币国际化无法回避"特里芬难题"，即国内经济与国际货币体系的稳定时而会发生冲突，在自身金融实力较弱、经济发展面临大量难题的情况下，中国是无力承担过多责任的。

综上所述，人民币区域化国际化进程不可能推进太快，作为一项长期战略，人民币国际化需要与国内经济金融的改革发展互动推进。在人民币跨境贸易结算逐步扩大的情况下，下一步人民币国际化进程的推进需要从国内外两个层次推进，其中解决国内相关问题是重点。具体举措：

（一）继续扩大人民币输出规模

可考虑放松对外贷款限制，允许对特定国家和地区进行人民币贸易融资和人民币贷款，帮助这些国家发展出口加工业，中国再从这些国家进口制成品，有点类似 80 年代日本的做法。这样不仅可以扩大人民币贸易结算，还有利于中国转移出过剩的制造能力，促进结构升级；有利于促进中国国际收支平衡，减少贸易摩擦。

（二）加强国内金融治理，为人民币国际化打造信用基础

首先，使金融机构真正成为有效配置资源的中介，夯实人民币信用的微观基础。其次，完善金融市场建设，使国内储蓄、股市、债市、汇市、黄金、衍生产品等投资渠道多样化，与此同时，放松居民对外金融投资的管制，首先使国内居民获利，再逐步拓展人民币回流渠道，使国外投资者收获中国经济增长的红利。

五、转变经济增长方式，从宏观层面化解金融风险

从开放条件下宏观经济层面看，转变经济增长方式是一个系统工程，从国内经济看，要积极扩大内需，转变过于依赖外需的增长模式。从对外经济看，要鼓励企业"走出去"对外投资，使中国资本流出模式从"官方资本流出"转为"私人资本流出"，政策重点是支持中小企业对外投资。从国际关系看，现阶段中国应积极参与 WTO，利用多边贸易体制为中国对外贸易谋求法理支持和现实利益。

（一）积极扩大内需，促进形成内外需协调增长机制

改革开放以来，我国经济发展方式逐渐呈现出过度依赖外需、内需与外需失衡的突出特点，由此带来诸多问题，如贫富差距过大、资源能源消耗过多、环境遭到严重破坏等。自 2003 年以来，我国加快了转变经济增长方式的步伐，如何扩大内需特别是居民消费需求、改变经济增长过于依赖外需的格局成为题中之义。2007 年 10 月中国共产党第十七次全国代表大会再次明确指出：科学发展观是中国经济社会发展的重要指导方针，

是发展中国特色社会主义必须坚持和贯彻的重大战略思想。其中，实现未来经济发展目标，关键环节之一是加快转变经济发展方式。然而，2008 年全球金融危机的爆发打断了这一进程。2009 年，我国经济增长虽然主要依靠内需拉动，但内需的增加却是依赖于投资尤其是财政投资拉动，居民消费不足的格局及动因并未改变，而一系列应对金融危机的措施更是延滞了产业结构的调整。随着政府刺激政策的退出，由于国内消费乏力，过剩产能依然需要依靠国际市场吸收，过度依赖外需的产业结构并未得到改善。可以说，目前内外需失衡的机制和政策并未得到有效矫正。危机后美国亦努力扩大外需转变经济增长方式，内外环境的变化更增加了我国加快转变经济增长方式的迫切性。

扩大内需是我国经济社会发展的长期目标，从扩大内需到转变为内需主导的经济增长模式是一个长期过程，应逐步推进，不应依赖于相机抉择的宏观调控政策；扩大内需要基于中国国情，要统筹考虑中国的发展阶段、国际环境、国内资源能源约束、人口状况、地区差距、社会心态等一系列因素，不能单纯地以发达国家及其他一些发展中国家的某些数据为标准；扩大内需不等于压制外需，应转变外贸增长方式，完善市场机制，推动外需合理增长。

扩大内需可考虑以下思路：（1）改变国民收入初次分配格局，提高居民在国民收入初次分配中的比重，提高居民的消费率。制定"国民收入倍增计划"，使居民收入提高与经济增长同步；制定最低工资标准（包括最低月收入及最低小时工资），并制定工资增长指导线；进一步提高个人所得税起征点，提高中等收入群体购买力；统一和完善公务员职级工资制度，推进国家公职人员福利待遇货币化；建立和完善个人所得税的退税机制，使税收返还成为重要的财政激励手段。（2）加大国民收入再分配对社会保障体系的投入力度，提高居民的消费倾向。增加旨在完善社会保障体系、医疗体系以及教育体系的公共支出，构建经济增长的安全网，降低居民对未来的不确定性的担忧，从而降低储蓄。目前看，可以分几个层次推进社会保障体系的完善：首先，针对六十岁以上老人，应建设覆盖城乡的最低生活保障，可参考其他国家食品篮子的方式①，对六十岁以上所有老人提供生活保障。其次，建设覆盖城乡的"基本医疗体系"，同时推出一些"卫生计划"作为补充，如巴西卫生计划就有4种类型，即医药计划、医疗合作社、自我管理卫生计划和医疗保险。第三，加大教育体系中针对个人的公共支出，如学生助学金计划、午餐补助、营养补助、就业培训补助等等。第四，增加廉租房供应。（3）千方百计提高农民收入。通过财政补贴和市场化手段结合的方式支持农业生产；尽快按市场化原则改革城乡土地管理与征用制度，保障农民在土地流转中的利益；完善金融支农机制，建立私人资本、外资等多种所有制金融组织服务于"三农"；加快农村城镇化进程和大城市周边卫星城建设，提高吸纳农村剩余劳动力的能力；增加对农村消费领域的公共品投入。（4）转变政府职能。政府应加大对公共产品的投

---

① 巴西2006年的基本家庭食品篮（政府为低收入者专供的价格低廉的一揽子日常生活食品）内有10公斤大米、5公斤黑豆（巴西人的主食兼副食）、4公斤牛肉、2公斤面粉、10升牛奶和咖啡等饮料，基本够4口之家一月食用。

资，逐渐从投资型的经济主导型政府向公共服务型政府转变。进一步落实科学的地方政府政绩评估体系，改变地方政府过于追求当期经济效益的短视行为。逐步理顺中央和地方在财税、金融、投资和社会保障等领域的分工和职责。推进全民信用建设，加大对就业培训的支持力度，扶持私人培训机构的发展。（5）保持合理的投资增长速度。我国正处于工业化、城市化进程中，合理的投资增长速度是经济持续发展的保证。在减少政府在经济领域投资的同时，提高私人投资的比重和效率。通过规范市场秩序，完善政策体系，推进投融资体制、财税体制等各项改革，打破行业垄断，扩大私人投资领域，为私人投资创造市场化环境，使私人投资成为社会经济的投资主体，提高整体社会效率。目前应适当扩大私人对金融领域的投资。（6）转变贸易增长方式，推动外需健康持续发展。取消鼓励出口导向的优惠政策，推动加工贸易的转型升级，提高出口产品附加值，在出口增长的情况下，鼓励进口尤其是能源、资源及专利技术的进口；提高利用外资的质量，使外商直接投资能够为我国的技术创新、环境保护和资源节约做出积极贡献。

在扩大国内需求过程中，还应注意以下方面问题：一是要考虑中国资源状况，实事求是推进小康社会建设。扩大内需要考虑中国资源环境的承载能力，推进小康建设要考虑中国国情，坚持科学发展观，不能简单地进行国际比较。衣食住行的物质消费及音乐体美等精神消费都应体现环保和资源节约的理念。二是全民社会保障范围要与经济实力相适应，充分预测经济可持续发展的潜力和财政收入的可持续性，循序渐进地扩大全民社会保障的广度和深度，健全社保基金的收支结构，使经济福利的全民共享与经济增长能够做到良性同步。

（二）支持中小企业实施"走出去"战略

从国际经验看，中小企业是对外投资的主体。目前中国中小企业"走出去"面临的困难和风险很多，其中很多问题属于企业经营中正常的商业风险，需要依靠企业自身的资源和能力予以解决。从政策支持的角度看，当前中小企业"走出去"对外投资主要面临三大障碍：一是信息不充分。信息不充分使企业难以对海外投资风险进行全面准确的评估，致使投资决策呈现出一定的盲目性，成为企业对外投资受损的首要原因。二是资金不足。中小企业"融资难"而对外投资"融资更难"是阻碍中小企业走出去并健康发展的主要问题。三是国内相关政策的制约。国内相关政策在具体实施中不协调、不顺畅一定程度上制约了企业对外投资的积极性和效率。因此，当前国家支持中小企业"走出去"的政策体系应解决的核心问题：（1）从国家政策层面，要加快涉外投资法律体系建设，协调落实支持"走出去"的各项宏观管理政策。尽快出台《海外投资法》，建立健全支持企业海外投资的法律体系。加快完善海外投资保险制度，分散和化解企业对外投资风险。协调落实各项宏观支持政策，加快制定实施细则。（2）从具体操作层面看，要整合资源，为企业"走出去"提供便利、全面、系统的信息服务。整合资源，建立包括政府服务中心、行业协会、非盈利机构、商业性专业咨询中介（提供盈利性服务）四个层次有效运转的中小企业"走出去"投资服务体系，针对企业需求，提供实用性强、针对性强的服务。（3）通过多种渠道，协助企业获得金融支持。鉴于我国对外投资正处于起步阶段，政府的金融支持将成为推动企业对外投资最直接有效的手段之一。可以考虑通过以下途径提供金融支持：一是建立"中小企业走出去扶持基金"。二是设立"中小企业海外投资专项基金"，该基金可通过设立贷款基准，针对中小企业不同投资阶段，提供有差别利率的优惠贷款。三是鼓励银行等金融机构走出去，在东道国开办分支机构，为中小企业在东道国融资提供便利。

（三）积极参与多边贸易谈判，为中国对外发展谋求更大的空间

WTO 最新一轮谈判即多哈回合谈判自 2002 年 1 月启动以来已历经 8 年却迟迟未能达成协议，甚至两度中止谈判，显示出现行国际贸易规则协调多边利益上的局限和力不从心，多边贸易体制面临巨大挑战。原因在于：（1）从表面看，多哈回合一再受挫的主要原因是由于议题过于宽泛、谈判成员多，而 WTO 谈判适用"协商一致"的规则、各国又坚持本位思维，必然导致严重分歧。（2）从本质上讲，多哈回合受挫的根本原因在于自谈判启动 8 年来，国际贸易格局已发生重大变动、全球治理面临一系列新问题，现行多边贸易体制未能及时调整以适应变化需求。

目前看，多哈回合谈判各国依旧意见分歧。展望未来，多哈回合谈判即使能如期达成协议，谈判结果与各国对开放利益的期望恐怕都会有较大的距离。结果是更多的国家将寻求通过双边和区域协定解决问题，多边贸易体制在全球治理中的地位将受到严峻挑战。在这种形势下，中国积极推动多哈回合谈判的前提下，就如何看待和参与多边贸易体制问题可考虑如下：（1）应充分认识到多边贸易体制对中国来说是一个不可替代的经济外交平台，通过多边贸易协议寻求贸易利益对中国来说是最重要也最有效率的途径。原因是：①对于小经济体来说，产品结构相对单一，其进出口问题能够通过双边协议或区域协议得以解决。但是，中国是一个贸易大国，无论是资源的进口还是制成品的出口，市场遍及全球。显然以 WTO 为平台，通过多边贸易协议来解决贸易问题是最有效率的。②中国在加入 WTO 时所承诺的市场开放程度远高于 WTO 其他发展中成员，尤其服务贸易的承诺更是所有成员中最开放的。应该积极推动多边谈判促使全球总体开放水平的提高，我们的市场开放才能获取应有的收益。③尽管发达国家及发展中国家都在积极参与区域贸易合作，但应该看到，从目前区域合作效益看，贸易创造效应并不突出，原产地规则的繁杂要求降低了企业利用区域贸易协定的热情。随着越来越多的区域贸易协定的交叉，区域合作的成本和冲突会加大，其最终运行的结果恐怕难如人意。（2）要明确未来中国推进多边贸易体制的理念。基于对多边贸易体制对中国重要性的认识，中国要积极参与完善多边贸易规则，推动多边贸易体制的发展。与发达国家主导多边体制的理念不同，中国的理念应围绕"开放和发展"两大主题，以团结发展中国家并涵盖应对全球气候、环境等多方面问题。（3）中国应明确定位在多边贸易体制中的作用，从积极参与到发挥主导作用。作为全球第二大贸易出口国，中国在贸易谈判中"韬光养晦"的外部条件已不存在。金融危机加剧了全球实力对比的变化，新兴国家在全球治理中将扮演更重要的角色，中国经济在世界经济中的影响力决定了中国在全球贸易规则以及其他领域的全球治理上要主动出击，中国必须抓住这个时机，促成旧规则的改良和新规则的制订，促进多边贸易体制更加公平同时也更加开放。（4）努力促进全球共识。通过积极斡旋和各种外交途径，使成员国充分认识到多边贸易体制仍是当前推进全球贸易的最好框架，多边贸易合作是促进全球福利增加的重要因素。多边合作止步将导致更多的贸易摩擦，消耗各国的精力和资源，最终伤及全球经济，所有成员国都会成为输家。（5）积极参与区域贸易合作，谋求政治主动性。由于多边贸易体制进展不顺利，各成员国纷纷转向区域贸易合作，也可以说是抢滩区域贸易合作的阵地。事实上，未来贸易竞争可能走向贸易集团之间的博弈，区域合作在特定时期可能成为替代形式主导全球合作。尽管中国的贸易利益应立足于多边体制，但是在区域贸易合作中不能被边缘化。中国要在积极参与区域合作的同时，努力推动区域贸易规则与多边贸易规则的协调和对接。目前看，从政治需要出发，中国要着力于东亚区域合作，从经济利益出发，中国要争取与主要资源国家和主要出口市场签署区域贸易协定。（6）从更开放、更多元的视角，评估多边贸易开放的总体损益，更好地服务于国家产业发展的立体战略。首先应综合考虑开放贸易对不同产业的影响，立足于农业、工业和服务业的立体综合损益而不是单一部门的利益诉求。其次，要考虑通过对外直接投资（ODI）、全球布局获取的贸易利益，要把 ODI 纳入多边谈判利益的评估中。最后，贸易利益应该同时惠及生产者和消费者，并不是仅仅保护生产者，消费者福利的增加也是国家获取利益的表现之一。

第二章
国际金融危机的理论分析

第一节 国际金融危机概念

所谓金融危机，《新帕尔格雷夫经济学大辞典》对其有明确定义：金融危机是指全部或大部分金融指标——短期利率、资产（证券、房地产、土地）价格、商业破产数和金融机构倒闭数——的急剧、短暂和超周期的恶化。金融危机可以分为几种广义类型①：（1）货币危机。指对某种货币汇兑价值的投机性冲击导致货币贬值（或币值急剧下降），或迫使当局投放大量国际储备或急剧提高利率来保护本币。（2）银行业危机。是指实际或潜在的银行运行障碍或违约导致银行中止其负债的内部转换，或迫使政府提供大规模援助进行干预以阻止这种局势发生。银行业危机的范围可以很广，以至包括部分系统性危机。系统性

---

① IMF《世界经济展望》，1998年5月版，第75页。

金融危机是指对金融市场潜在的严重破坏，从而损害市场有效运作的能力，对实际经济产生较大的负面影响。（3）外债危机。指一国不能偿付其国外债务，包括主权债和私人债务等。而90年代以来的金融危机，则表现出极强的溢出效应，通过国际金融市场以及贸易联系，这些金融危机迅速向相关国家蔓延，致使一国的金融危机带来多国的金融动荡。具有这种明显溢出效应的金融危机，我们称为国际金融危机。因此，尽管20世纪90年代以来世界各地爆发了一系列金融危机（见表2-1），但称得上国际金融危机的主要有：1992年欧洲货币危机、1994年墨西哥金融危机、1997年亚洲金融危机、1998年俄罗斯金融危机、1999年巴西金融危机、2000年阿根廷金融危机以及2008年美国次贷危机等。其中，2008年美国次贷危机是20世纪以来最重大的两次国际金融危机之一（另一次是发生在1929—1930年），它正在深刻影响着世界经济政治格局，其次是亚洲金融危机，它使东亚所有新兴工业化国家无一幸免，并且深化了日本的金融危机，同时亦促成了俄罗斯和巴西的金融动荡。

表2-1　20世纪90年代以来的金融危机

国　别	危机年份	国　别	危机年份
美　国	1984—1991	印度尼西亚	1994
挪　威	1988—1992	委内瑞拉	1994—1995
斯里兰卡	1989—1993	东　亚	1997—1998
瑞　典	1991—1993	俄罗斯	1998
芬　兰	1991—1993	巴　西	1999
日　本	1990	阿根廷	2000
墨西哥	1994—1995	美　国	2008

注：东亚包括：泰国、马来西亚、印度尼西亚、韩国、菲律宾等。
资料来源：根据IMF各期整理

第二节 有关国际金融危机的基本理论

金融危机历来就是一个备受关注的理论课题。早在 18 世纪 20 年代，埃铁翁（Richard Cantillon）在其著作《论一般商业的危机》中就曾对金融危机进行过论述。当前，面对世界各国频繁爆发的金融危机，经济学家们纷纷提出各种理论，建立各种模型，试图阐述金融危机突然爆发的原因和应对危机的方案，以便进一步探讨金融危机形成的深层机理，更加有效地防范金融危机。

一、国际金融危机的模型解释

从模型看，比较有代表性、解释力较强的主要有三个模型，即克鲁格曼（Krugman，1979）的国际收支模型、奥伯斯特菲尔德（Obstfeld，1994）的多重均衡——自我实现的危机模型以及道德风险危机模型。他们分别被称为第一、第二和第三代金融危机模型。

（一）克鲁格曼国际收支模型

主要突出地强调了与固定汇率相抵触的财政赤字政策所导致的货币危机的必然性。在这个模型中，国际收支危机基本上被看作是国内信贷过度增长的结果。它从三个基本点出发：（1）由于某种原因，政府必须持续地通过货币创造融资；（2）政府承诺实行固定汇率制，但是作为这种承诺后盾的国际储备资源是有限的，政府不具备从国际市场进一步融资的能力；（3）资本市场和商品市场是自由的、开放的。模型通过上述假设条件得出如下结论：一方面由于政府持续地通过货币创造融资造成货币供给的增加，造成国内物价水平持续上升，物价水平的上升将带来货币贬值的压力；另一方面，为了维护固定汇率制，保持汇率的稳定，政府必须在外汇市场上用外汇储备购买本币，以冲销货币供给中超过与经济增长相适应的那一部分本币。于是，外汇储备最终将被上述的运作过程耗尽，政府也就不再有能力维护固定汇率制，固定汇率制必将走向崩溃。经济学家爱德华兹（Edwards，1995）曾研究了1954—1975年的87次货币危机，这些危机的共同特征都是伴随着巨额的财政赤字，同时这些赤字又往往通过中央银行对政府的扩张性信贷来加以弥补。模型的政策启示是：持续地依靠货币创造融资解决政府的财政赤字，同时又要维护某种形式的固定汇率制，这种宏观经济政策组合存在着不可克服的内在矛盾。如果无法改变持续地通过货币创造融资的宏观经济政策，最终必然引发固定汇率制崩溃的货币危机。要想避免这种危机，必须放弃利用货币创造融资解决政府财政赤字的政策，实行稳健的财政政策。

（二）奥伯斯特菲尔德多重均衡——自我实现的危机模型

第一代模型揭示了财政赤字与货币危机之间的相互关系和内在逻辑，但是，它不能很好地解释1992年的欧洲货币危机。这些国家的政府完全可以运用多种手段来维护其固定汇率制度，比如，他们可以在即期或远期外汇市场上买入外汇，提高本币利率，紧缩财政开支和货币供应量等。外汇储备本身也不构成一个约束，因为这些国家都是发达国家，可以很容易地从国际资本市场上借到支持其汇率所需的外汇。因此，第一代金融模型用以解释由国际收支危机引起货币危机的那些基本条件在这些案例之中并不存在。于是，奥伯斯特菲尔德等人提出了多重均衡、自我实现的危机模型，被人们称为第二代金融危机模型。该模型认为：当一国政府的经济政策无扩张性时，私人部门对货币贬值的预期也会给政府增加压力，引起汇率波动要求，例如，要求提高利率，提高工资和通货膨胀的预期可能会迫使汇率贬值成为现实。为了消解各种预期贬值的压力，政府可能会选择贬值。模型认为，如果私人部门预期贬值，明智的政府最好选择贬值；如果私人部门没有预期贬值，政府就什么也不要做。因此，这时也存在由预期决定的多重均衡。当然，只要能够抵抗住冲击，政府并不一定要顾忌均衡汇率到底是多少，它可以选择坚持固定汇率，也可以采取相机抉择的方法选择一个汇率。但前者将付出国内经济受到损失的代价；后者将付出下一期汇率贬值预期加大的代价。实践中，政府是不会始终坚持固定汇率平价的，同时也不会始终进行政策的重新调整。

该理论的政策含义是：公众对货币体制的不同预期会产生不同的均衡结果，即政府并没有执行与某种货币制度相抵触的扩张性财政、货币政策，原可以永远延续下去的某种货币制度也可能因为公众都预期它崩溃而崩溃。也就是说，理性预期对货币具有自我实现的性质。在这种情况下，对于实行固定汇率制度的国家来说，当人们普遍预期货币将贬值时，政府会发现坚持固定汇率的成本大于收益，从而会放弃固定汇率；当人们预期固定汇率将延续时，政府则会发现坚持固定汇率的成本小于收益，因而也就不会实行货币贬值。也就是说，政府并不会机械地坚持固定汇率，而是会依据坚持固定汇率的成本与收益进行相机抉择。而成本与收益的大小又与公众的预期密切相关。如公众的贬值预期越强，维持固定汇率的成本就越高。因为根据利率平价理论，一国货币的预期贬值率越高，国内利率水平就越高，从而给国内的就业、投资、政府预算和银行部门带来巨大压力。这些压力达到一定程度，就会迫使政府决定贬值。

第二代国际金融危机模型能较好地解释 1992 年的欧洲货币危机。以英镑危机为例，根据欧洲货币体系要求，英镑兑马克的比价必须保持在小幅波动的范围内。当时，德国马克利率水平较高，英国为了维持英镑的币值，不得不将英镑的利率也维持在较高的水平。但是，当时英国经济正处于衰退期，高利率对其经济复苏带来极大的压力。因此，公众普遍预期英镑将贬值。在这种情况下，如果德国降低利率，则英镑贬值的预期将减弱或消失。但德国始终保持高利率政策。因此，公众对英镑贬值的预期加大。与此同时，为了稳定币值，英国政府被迫两次大幅度提高利率，使基本利率达到 15%。如此高的利率使经济处于衰退期的英国难以承受，维持固定成本的成本远远大于收益，英国政府不得不宣布暂时退出欧洲货币体系。

（三）道德风险模型

前述两个模型都能够很好地解释历史上的一些案例。如克鲁格曼 1979 年的模型可以很好地描述 20 世纪 80 年代中期发生在拉丁美洲国家的货币危机以及 1998 年发生在俄罗斯的金融危机。奥伯斯特菲尔德 1994 年的模型可以成功地揭示 1992 年欧洲货币危机的关键因素。但是，上述两代模型都难以解释 1997 年发生在亚洲的金融危机。第一代模型不能解释亚洲危机的内在逻辑：过度的货币创造既不是泰铢的盯住汇率崩溃的根本原因，也不是跟随而来的其他货币危机的原因。第二代模型对于亚洲危机的适用性也很有限：出现危机的"亚洲四小龙"缺乏模型所针对的基本要素，即期限短的大量公共债务和由货币贬值预期所导致的实际利率的上升。为了给予亚洲金融危机以实质性的解释，经济学家提出了几种模型，其中比较有代表意义的当属道德风险模型。

较早提出"道德风险"理论的是著名发展经济学家麦金农，他和哈佛大学经济学家皮尔合作撰写了数篇论文，探讨发展中国家的存款担保（显性的或隐性的）与过度借债之间的关系。亚洲金融危机的爆发使这一问题更加凸显出来。简言之，在政府免费提供保险和监管不严的情况下，金融中介机构具有很强的从事风险投资的欲望而很少考虑投资项目的贷款风险。在资本管制的情况下，国内机构无法从国际资本市场融资，国内投资需求过度只会造成国内利率的上升，而不会引致投资过度。但如果资本项目放开，国内的金融中介机构可以在世界资本市场上自由融资，那么由政府保险引发的道德风险就可能导致经济的过度投资（即"金融过度"现象），并将资金投向证券市场和房地产市场，引发金融泡沫，加剧一国金融体系的脆弱性，引发银行体系的系统性风险。此外，亲缘政治的存在加大了金融过度的程度，主要是在东南亚国家，政府对金融企业和大企业提供隐性担保，从而加剧了银行体系的道德风险。

二、国际危机的其他理论解释

除了上述三个比较成熟的模型外，经济学家们近年来还提出一些新的有关金融危机发生原因的理论。概括如下：

（一）克鲁格曼货币危机模型新释义①

2000 年初，克鲁格曼等经济学家又在第三代模型基础上提出了一些新的解释，认为如果本国的企业部门外债的水平很高，外币的风险头寸越大，"资产负债表效应"越大，经济出现危机的可能性就越大。理论逻辑是：在亚洲国家存在严重的信息不对称和信用风险偏大，银行要求企业提供足额担保才发放贷款。这样，从总量上讲，一个国家的总投资水平就取决于国内企业的财富水平（因为抵押才能获得银行资金），如果企业持有大量外债，国外的债权人会悲观地看待这个国家的经济，会减少对这个国家的企业贷款，其本币会贬值，企业的财富下降，从而能申请到的贷款下降，导致全社会投资规模下降，经济陷入萧条，这一过程是自我实现的。第四代危机模型尚有待完善，比如没有解决在一个动态模型中，企业的外债累积问题，以及在多大程度上，银行的低效率会影响到危机的程度。

（二）片面推行金融自由化的不良结果

该解释是针对发展中国家，在实践和理论上基本已获得共识，即片面鼓励新兴市场国家推行金融自由化，易发生过度信贷风险、过度资本流入和银行资产负债恶化等问题。原因是：（1）金融自由化后，面对新的贷款机会，这些国家的金融机构管理者缺乏有效的风险管理经验。再加上这些国家本身的规章和监管体系不健全，无法控制由政府保护体系产生的道德风险，而存款人和那些贷款给新兴市场国家的外国贷款者认为，新兴市场国家政府会出面保护他们，所以也没有监督银行的动力。

---

① 陈雨露："国际金融理论前沿问题述评"，《国际金融研究》，2002.7。

这样，将导致金融机构承担过度风险。（2）由于金融机构承担过度风险并主动寻找新的贷款机会，其结果是大量外国资本流入新兴市场国家。资本流入促进信贷激增，最终导致国内信贷的扩张。（3）信贷激增的结果是巨额贷款损失和随之而来的银行资产负债状况的恶化，直接削弱银行体系的贷款能力，甚至会导致全面的银行危机。在实行盯住汇率的国家中，还易引发货币危机。因为在实行盯住汇率的国家中，当外国利率上升时，为维护本国货币汇率，只能提高利率，但是任何提高利率的措施都会进一步打击银行体系。这样，当新兴市场国家的货币遭到投机性袭击时，如果中央银行将利率提高到足以捍卫汇率的水平时，其银行体系就会崩溃。当投机者认识到一国脆弱的银行体系使其中央银行不太可能成功捍卫本国汇率的时候，在卖空此国货币的预期利润的吸引下，他们会疯狂袭击此货币。在银行体系脆弱的情况下，货币投机性袭击很可能得逞。东南亚金融危机、俄罗斯金融危机就是例证。可见，新兴市场国家不具备一定条件、有步骤地、合理地实施金融自由化，金融危机就难以避免。

（三）盯住汇率制度的风险

该理论解释认为，盯住汇率体制对新兴市场国家是一个十分危险的策略，它更容易诱发金融危机。为了稳定币值、有效控制通货膨胀，一些新兴市场国家将本国货币盯住一个低通胀大国的货币价值，采取盯住汇率制度。如危机前的泰国、印度尼西亚、墨西哥、阿根廷等等国家都采取盯住美元的固定汇率制。一旦采取盯住汇率制，该国中央银行就必须通过利率政策来保持币值的稳定。但是，各国经济增长周期很难一致，从而导致汇率与利率水平的矛盾。而当投机者对政府维持汇率的能力和决心产生怀疑时，就会对这个国家的货币发动攻势。对于一个存在大量外债的国家来说，其被攻击的可能性更大。在盯住汇率体制下，当一国货币被投机者攻击后，国内货币价值的下降通常比在浮动汇率体制下更大、更快和更加难以预料。例如，在东南亚金融危机中，印度尼西亚货币在很短时间内降到不足危机前 1/4 的价值。货币贬值引起外债价值超 4 倍增长，使资产负债状况的恶化变得更加严重。此外，由于盯住汇率制度提供了一个更加稳定的货币价值，给外国投资者低风险的感觉，因此增强了对外国资本的吸引力。尽管这些资本流入可能被引入生产性投资从而促进经济发展，但它们也可能引起过度贷款。如果缺乏有效监督，很容易导致巨额贷款损失以及银行资本负债状况的恶化和金融危机的产生。因此，盯住汇率制可能增加某些国家金融的不稳定性。即如果一国银行体系脆弱且存在大量以外国货币计价的债务，则采用盯住汇率制来控制通货膨胀可能存在很大的风险。如俄罗斯、墨西哥、巴西、阿根廷等国都在金融危机爆发后很短时间内放弃了盯住汇率制而实行浮动汇率制。

（四）虚拟资本膨胀的危害

德国经济学家乔纳丹·泰纳鲍姆在其《金融癌症：世界金融和经济秩序总危机》一文中指出[①]：世界经济的巨大金融财富价值呈现倒"金字塔"形。在"金字塔"的底层是实际的物质产品，在其上是商品和真实的服务商业贸易，再上面是复杂的、

---

① 原文载于《经济社会体制比较》，1996.1.，马宾译。

名义的债务、股票、通货、商品期货等，最后在顶层的是衍生期货以及其他纯粹的虚拟资本。"金字塔"表现出很不平衡的增长方式：上层从衍生期货开始，较之下面各层发展的更快，从而这个形状长得越来越变形，即倒置的"金字塔"底层的实物经济越变越小。其发展结果就是世界金融体系的崩溃。原因是：（1）金融体系的可信度和稳定性最终是以相信货币资产最后能变成实物为基础的。一旦信誉动摇，则整个结构将崩溃。（2）如同各种投机泡沫一样，金融财富"金字塔"必须不断增长。一般说，把虚拟财富维持在倒置的金融"金字塔"上或任何特定水平，都有赖于有多大能力从"金字塔"下一层资产中取得收入。（3）现实中，在"金字塔"的底层，在日益增长的债务负担以及其他对"金字塔"支付的负担下，实物经济在停滞甚至萎缩。一旦世界实物经济被掠夺耗尽，即再不能输送维持整个金融机构所必需的日益增长的实物资产的时候，整个世界金融体系的"金字塔"可能就垮掉了。

（五）产权界定不清

该理论主要是针对转轨国家经济现状的。美国经济学家加里·杰弗森（Gary H. Jefferson）在《公地经济：金融危机的产权解释》一文中阐述了这种观点①。杰弗森教授首先解释了公地经济是一种由若干层次产权没有完全界定清楚的经济主体构成的制度，这种制度容易产生大量的寻租行为，从而使经济在金融危机面前不堪一击。其次，指出了产权界定的层次。一般来

---

① 该文是加里·杰弗森（Gary H. Jefferson）教授 2000 年 5 月在北京大学中国经济研究中心所作的演讲。

说，随着经济发展，产权先在个人层面上加以界定，然后在企业层面上进行界定，再后在更高层的经济组织（如财政、金融体系等）上界定清楚。在转轨国家中，当底层经济机构产权已经界定清楚时，上一层经济机构产权常常尚未完全界定清楚。因此，底层机构就会过度消耗上一层机构的金融资源，形成资源层层空洞化，遇到风吹草动就会深化成金融危机。杰弗森以社会主义转轨经济为例，分析了公地经济的各个层次。他认为，在社会主义转轨经济中，个人的产权（包括使用、收益和转让等权利）得到了清楚的界定，但产权在企业层面上，国家有选择地把一些权利给予了国有企业的经理，但是，经理们得到的权利是不完整的，所以就缺乏权威和动力去努力地监督管理企业，从而使国有企业变成了一块人人伸手的公地。这样，国有企业的国有资产就有消耗殆尽的趋势，只能依靠其上层的财政和银行系统不断补充资源。和国有企业的处境一样，银行体系也要不断地补充资源才能维持下去。银行主要通过三个途径补充资源：（1）金融管制。设法引导居民将钱存入银行，而无法把储蓄投向其他各种收益较高的投资渠道；（2）政府通过税收和发债来维持银行体系的运转，而较高的税率、利率减少了私人部门的资源，限制了私人部门的活力；（3）中央银行靠增加货币供给来维持银行体系的运作，其结果是通货膨胀。以上三者降低了整个经济运行的效率，体现了公地经济的外部性。当这些外部性大到经济系统无法承受时，金融危机就出现了。

（六）金融危机传染性

所谓货币危机的传染，是指一个国家的货币危机导致另一个国家发生货币危机的可能性，它强调的是某一个国家发生货币危机的原因就是另一个国家的货币危机。危机传染主要归结为两大方面：（1）波及效应的传染。主要指一个国家发生的危机恶化了另一个国家的宏观经济基础（如贸易赤字加大，外汇储备下降），从而导致另一个国家发生危机。危机的波及效应主要通过两条渠道传染：一条是贸易联系渠道，一条是金融联系渠道。（2）净传染。主要指一个国家的货币危机诱发了另一个国家的货币危机，但从宏观经济基础变量来看两个国家间经济联系相关性较弱，一个国家的危机并没有恶化另一个国家的经济基础。但是，因这个国家的货币危机，导致投资者重新评价其他类似国家的金融风险，进而影响到投资者的信心与预期，从而产生"自促成"的对类似国家的货币冲击。净传染主要有三种类型：经济传染型（经济基础或经济政策类似）、政治传染型（政治状况和政策类似）以及文明传染型（国家间文明、文化相似）。分析亚洲金融危机，最明显的特点就是在较短时间内危机表现出明显的传染性，危机从泰国开始，在很短的时间内迅速波及到印度尼西亚、马来西亚、菲律宾、台湾等国家和地区，部分原因是由于亚洲国家经济基础、经济政策、汇率体制、金融体制甚至文化间的相似性，使得净传染起了很大的作用。

（七）创新超出了风险管理能力[①]

从金融机构视角看，2008 年美国次贷危机引发的国际金融危机原因在于机构创新超越了风险管理能力。高盛（Goldman Sachs）首席执行官劳尔德·贝兰克梵（Lloyd Blankfein）认为，

---

① 高盛（Goldman Sachs）首席执行官劳尔德·贝兰克梵（Lloyd Blankfein）为英国《金融时报》撰稿，2009 - 02 - 10。

金融机构风险管理完全建立在历史数据的基础之上，太多的金融机构和投资者只是将他们的风险管理外包出去，对信用评级过度依赖。金融交易规模过大，而许多风险模型错误地假设，头寸可以被完全对冲。作为一个行业，金融机构没有足够仔细考虑流动性枯竭、难以进行有效对冲的可能性。特别是风险模型未能评估结构性投资工具等资产负债表外活动固有的风险。最终复杂的交易导致金融机构风险管理能力远远落后于创新，最终导致次贷危机的爆发迅速演变为全球金融危机。

除了上述观点外，还有很多观点如：金融危机的原因在于全球金融外汇政策缺乏有效的协调机制、国际金融体系缺乏有效的金融预警机制，金融创新过度、信息不对称、债务衍生机制产生的债务风险以及泡沫经济的破灭等，特别是针对美国次贷危机，一些央行行长（如格林斯潘、周小川等）和经济学家分别指出流动性过剩、全球收支不平衡、以美元为核心的国际货币体系缺陷等等是导致危机的主要原因，这些观点都从不同视角给予金融危机以解释。这里就不一一叙述了。

第三章
引发国际金融危机的现实原因

有关金融危机的理论和模型都从不同角度对金融危机的产生做出解释，这些对金融危机一般意义上的解释给我们提供了很多有价值的政策启示。然而，回顾20世纪90年代以来发生的国际金融危机，从危机发生国家来看，除了1992年欧洲货币危机和2008年美国次贷危机外，其他危机都发生在经济赶超型国家。所谓赶超型国家是指在第二次世界大战以后，一些国家抓住外部机遇，利用自身优势，通过制定适宜的经济政策，实现了经济超常规的、跳跃性的增长，成为新兴工业化国家甚至发达国家的那部分国家，就这一范畴而言，赶超型国家主要包括日本、韩国、东南亚国家以及拉美国家①。金融危机使这些国家的经济增长、金融体制甚至社会生活都遭受严重打击，迟迟难以恢复，显示出经济赶超国家经济的抗风险能力较弱，说明这

---

① 赫国胜等：《赶超型国家金融体制比较》，中国金融出版社，2001版，第11页。

些国家的经济增长模式、金融体制以及宏观经济政策存在缺陷。而金融脆弱性集中体现在 20 世纪 90 年代不是一种巧合，而是由于世界经济环境发生了大的变化，导致这些国家多年来经济快速增长过程中积累的矛盾爆发了，危机实质上就是对社会经济不均衡发展的剧烈的调整。然而，金融危机并不是经济对外开放、金融自由化停滞的借口，而是来自市场的改革压力，只有剖析和校正引发危机的制度和政策因素，在开放中不断完善金融体制，一个国家的经济增长才是可持续的、健康的。

第一节　金融危机的国际政治经济因素

一、国际政治环境的变化

20 世纪 90 年代之前，世界处于冷战时期，以美国为首的发达国家出于遏制社会主义国家的目的，极力扶植处于国际战略要地的日本、韩国、部分东南亚和拉美国家发展国民经济，向这些国家提供了大量的经济援助，并且通过政府采购制度大量购买这些国家的产品。发达国家的援助使上述国家在经济恢复和起飞时期获得了极为宝贵的资金，同时也促进了产品的出口。但是，冷战结束后，发达国家不再向这些国家提供援助，而是成为他们的竞争对手。于是，20 世纪 80 年代末到 90 年代初，许多发展中国家开始放开其资本账户及相应的资本市场，积极到国际金融市场上借贷资金。与此同时，90 年代初期发达国家经济低速增长，于是大量资金涌向新兴市场国家（包括转型国家），伴随而来的是国际金融风险的迅速传播，各国面临的金融风险骤然加大。

二、全球金融环境的变化

20世纪90年代以来，金融创新大量涌现，放松管制和金融全球化推动了金融业的合并与兼并浪潮，巨型跨国商业银行和投资银行不断涌现，传统银行机构和非银行金融机构转变为新型的金融服务企业，加大了金融市场的监管难度，宏观和微观金融运行的风险同时增加。国际金融业发展的不平衡加剧，西方发达国家银团和财团成为国际金融资本的主要供给者，大规模的商业性贷款成为发展中国家债务危机的深渊。货币政策的自主性被削弱，利率和通货膨胀的国际传递效应也影响了一国经济政策的执行，一国政府很难再坚持自主的经济政策，经济管理难度加大。以上各因素都限制和削弱了发展中国家政府控制金融风险、防范金融危机的能力。

第二节　金融危机的制度因素

一、汇率制度

从危机发生国看，无论是1994年发生危机的墨西哥，还是1997年发生危机的泰国、韩国、印度尼西亚、马来西亚、菲律宾等国，他们的汇率制度安排都选择了盯住美元的固定汇率制，这对于稳定价格、吸引外资、控制通货膨胀具有立竿见影的效果。但是，固定汇率制的先天缺陷是无法避免的（参见第二章理论部分)。此外,上述国家主要是将美元作为其盯住货币,因此美元的命运影响着他们的命运。1995年中期以前,美元是弱势货币,这些国家的日子还好过一些。但是,1995年以后,美联储连续提高利率,美国经济逐渐复苏,美元开始向强势货币转变,造成这些国家的本币高估。本币升值严重阻碍了产品出口,造成经常项目逆差的不断扩大。例如,危机爆发前经常项目占GDP的比重,墨西哥和泰国都是多年在5%—8%之间,马来西亚多年在4%—8%之间,韩国1%—2%之间①。随着固定汇率制国家币值的高估,出口竞争力减弱带来的经常项目逆差不断扩大,对该国家货币贬值的预期不断加重。由于固定汇率制在资本项目开放情况下造成货币政策的独立性受到影响,使得政府调控经济的手段受到很大限制。在这种情况下,固定汇率制成为投机的最好目标。一旦投机资金开始冲击固定汇率制,政府往往会对金融市场进行干预。但是,在庞大的投机性资金抛售的压力下,一国的外汇储备往往是杯水车薪,最终只能放弃,投机资金就会从政府的失败干预中获得高额利润。墨西哥、俄罗斯、泰国、巴西和阿根廷的金融危机都是从货币危机开始的。可见,同时实行资本项目开放和固定汇率制的国家最易受到投机冲击引发货币危机。

二、融资体制

东亚政府主导型经济体制内在地产生了政府主导型融资体制,以满足赶超型不平衡发展战略对资金的非均衡配置。这种

---

① 由于韩国经济规模大,所以它的经常项目逆差的绝对数很大。1996年,其经常项目逆差达到230亿美元,居世界第二位。

融资体制的发展结果是造成融资结构单一、间接融资居主导地位、资本市场发展落后。从表 3 – 1 中可以看出，直至 20 世纪 90 年代前半期，这一特点在韩国、印度尼西亚以及泰国等国家表现得都相当突出。

表 3 – 1　东亚部分国家商业银行体系和证券市场的
发育程度（1994 年）

国家＼项目	银行资产		股票市场资本总量		债券市场	
	万美元	占 GDP%	万美元	占 GDP%	万美元	占 GDP%
印　尼	9000	57	4700	30	900	6
韩　国	28300	75	19200	51	16100	43
马来西亚	7000	100	19900	283	4000	56
菲律宾	3400	54	5600	87	2500	39
新加坡	11500	186	13500	217	4500	72
泰　国	15300	110	13200	94	1400	10

资料来源：国际货币基金组织和世界银行季刊《金融与发展》，1996. 3。

　　在这种体制下，政府确定的贷款优先顺序和额度成为银行融资的主要依据，而对融资项目的审查和风险评估都变成软约束，政府提供的各种有形的或隐形的担保，引发了严重的"道德风险"，最终结果必然是过度融资（即贷款规模超过预定限额）和信贷扩张（高信贷率）。资金的低效率使用以及由此导致的偿还困难与信贷扩张之间形成恶性循环，使银行的不良资产急剧增加，呆坏账比率迅速上升，为金融危机的爆发创造了条件。著名经济学家保罗·克鲁格曼就把东亚各国银行享受的隐含政府担保视为亚洲金融危机的根源[1]。

---

① 胡祖六："东亚的银行体系与金融危机"，《国际经济评论》，1998. 3。

此外，20 世纪 70、80 年代东亚各国普遍进行了金融自由化改革，其主要内容包括逐步放开利率与汇率，建立竞争机制，允许外资金融机构进入，开放离岸金融业务等。金融的逐步自由化并未带来融资关系的市场化，而是使政府主导体制变成更具一般意义的关系型融资。所谓关系型融资，就是指出资者在一系列事先未明的情况下向企业提供融资，即商业化的银行仍然愿意在对融资风险缺乏把握或明知风险较大的情况下向企业融资。其激励机制在于，银行可以获得信息租金、特殊关系租金、声誉和政策设定的相机性租金①。在关系型融资体制下，企业和银行的经营行为严重扭曲，导致银行"道德风险"不断增大，银行的巨额不良资产成为导致其破产倒闭和金融危机发生的基本原因。

三、金融监管

危机发生国家有一个共同点，就是是放松管制的同时，没有加强监管。主要表现在金融监管组织体系不健全。如行业自律机构独立性较低形同虚设，信息披露不全导致缺乏社会监督，金融机构内部风险控制制度不完善甚至根本没有建立起来，监管对象存在疏漏，大部分以预防性监管为主，事后监管制度很不完善或根本没有建立起来等，总之，监管能力不足是这些国家的普遍弱势。

第三节　金融危机的宏观经济政策因素

赶超型国家为实现经济的迅速赶超，制定了各种宏观经济

---

① 陈学彬等：《当代金融危机的形成、扩散与防范机制研究》，上海财经大学出版社，2001 年 12 月版，第 118 页。

政策，以推动经济持续高速增长。由于财力、物力及其匹配的局限性，这些国家在实现其经济增长的同时，经济结构出现失衡。这种失衡是其经济增长模式内生的，最终则以金融危机的爆发为集中体现。因此，如何转换经济增长模式，调整各项宏观经济政策，成为赶超型国家面临的时代课题。

一、从经济增长模式看，赶超型国家主要依赖大量的资本投入而不是技术进步

以东亚国家为例，自20世纪60年代以后，东南亚国家或地区的投资率（投资/GDP）不断上升。90年代后，年均投资率超过30%，有些国家甚至接近或超过了40%。这种高投资率一方面依赖于高的国内储蓄率，另一方面则来源于高的外债率。但投资是不均衡的，基础设施和人力资本方面的投入不足，导致竞争力缺乏后劲，尤其是缺乏高科技的增长点。克鲁格曼曾在1994年指出，这种靠大量投入驱动的方式不可能维持太久，一旦发展到要素的报酬递减阶段时，危机就会发生。而拉美国家的经济增长也是主要依赖大规模的资本投入，其中主要是依赖外资。资本的流入并没有带来技术的进步。随着国际贸易条件的恶化，国际竞争力不断弱化，经济增长中断，拉美国家普遍陷入了债务危机。

二、从财政政策看，赶超型国家政府为了实现经济的赶超，也纷纷实行积极的干预政策，以"看得见的手"来推动经济增长

亚洲国家的经济增长的主要动力是通过财政隐性担保大量

发放贷款，于是出现了过度借贷与贷款质量不高的现象，从而使金融机构积累了大量的不良贷款。在政府主导型融资体制下，巨额不良贷款的存在使投资者对财政政策产生如下预期：即政府将会通过财政来弥补巨额的银行不良贷款。由此增加的财政支出将导致增税，最终伤害经济的增长。因此，尽管亚洲各国财政状况较好，但是巨额的银行不良资产成为财政的潜在赤字。使投资者对经济的预期发生变化，资本流动逆转，最终导致固定汇率制的崩溃。由于亚洲各国的财政行为和财政状况比较相似，使金融危机迅速蔓延。所以说，财政隐性担保贷款是造成亚洲金融危机的主要的宏观经济政策因素。

三、利率政策

为了实现经济赶超，优先发展政府支持的产业，低利率政策和信贷配给政策一起成为赶超型国家尤其是亚洲发展战略的一个重要组成部分。如日本在经济赶超过程中，一直采用超低利率政策。低利率政策经常被认为是亚洲经济起飞中重要的政策因素。这一政策能够集中相对有限的资金和资源，减少有关发展行业的资金成本，对迅速实现经济赶超具有不可替代的作用。但是，低利率下的信贷配给带来的直接后果是信贷效率低下和企业过度投资，事实上是掠夺储蓄者补贴企业，带来社会分配不公、消费不足等问题，造成道德风险上升、政治腐败、社会投资过度带来的低效率等等。由于这些国家金融市场不完善，银行成为信贷的主要来源。因此，最终这些问题以不良资产的形式沉淀成银行风险，最终导致金融危机的爆发。亚洲金融危机最具代表性。

四、金融自由化政策

80 年代末到 90 年代初，发展中国家金融自由化的步伐加快。他们通过放松利率管制、实行资本项目自由兑换等措施，积极吸引外资，提高本国金融机构的竞争力。以墨西哥为例。从 1988 年起，墨西哥开始实施新经济政策，大力推进贸易和金融自由化。墨西哥政府为刺激经济增长，加速了国家财产私有化的进程，吸引大量外资进入。1994 年 5 月，墨西哥成为经合组织新成员，为了加快吸引外资，政府于当年下半年彻底地开放了金融市场，外国金融机构包括银行、证券和融资租赁机构等均可在墨西哥开设分支机构。同样，90 年代以来，东亚国家亦接受国际货币基金组织的要求，先后推行金融自由化，1990 年 5 月 21 日泰国官方宣布接受国际货币基金组织章程第Ⅷ条规定的义务，加快了金融自由化进程，同时逐步取消外汇管制。印度尼西亚也是从 1988 年对金融部门进行大力度改革开始了其金融自由化进程，到 90 年代，印尼的股票和债券市场都相当自由和开放。金融自由化进程的加快吸引了大量外资，使股票、证券等虚拟资本急剧膨胀，外国短期资本、投机资本乘机大量进入。与此同时，这些国家没有建立起严格的金融监管和风险防范机制（甚至有些观点认为严格的监管会使银行失去改革的活力，只有外部的压力才能促使金融部门在自由化进程中提高竞争力）。于是，吸引资金成了唯一的目标。

由此带来如下结果：（1）随着资金的流入，不良贷款迅速累积，过度投资和过度借款与国际间资金活动相结合导致货币危机。（2）大量外资流入导致币值高估，恶化了相关国家的国际收支状况。韩国的情况显示出，随着资本市场的加速开放，韩国币值被高估了，其结果必然导致经常项目赤字①。(3) 在开放情况下，可调整盯住汇率制度无法摆脱货币危机。上述三者结合随着金融自由化政策的推进不断恶化，在缺乏监管和及时应对的情况下必然导致金融危机的爆发。

---

① 很多学者强调1996年世界半导体市场的萧条是造成韩国贸易条件恶化从而导致经常项目赤字并最终引致金融危机的爆发。但是，1995年韩国经常项目的赤字已经相当于GDP总值的1.7%。韩国学者（JAYMIN LEE，2000年）认为，赤字的主要原因是韩国币值被高估了。

第四章
欧洲货币体系危机

1992 年 9 月，欧洲货币体系爆发危机，这场危机是货币一体化过程中金融脆弱性的典型表现。危机不仅瓦解了欧洲货币体系的汇率机制，而且使欧洲货币一体化进程出现严重倒退。受这场风暴的影响，各国经济在泥潭中越陷越深，趋同的难度加大，原先设计从 1997 年开始的经货联盟，最终被迫推迟到了《马约》规定的最迟时限——1999 年 1 月 1 日才得以实现。

第一节　货币一体化理论

货币一体化是欧洲经济一体化的重要组成部分，许多西方经济学家都对货币一体化问题做了较为深入的研究，其中科登（W. M. Corden）最为著名，他关于欧洲货币一体化问题的著作《货币一体化》被奉为货币一体化理论的经典，其中关于欧洲货币一体化的许多重要预测都已兑现。因此，本节将主要介绍科登的货币一体化理论。

货币一体化包含两个方面的内容：一是汇率联盟，指货币区内各成员国货币之间维持固定汇率，但对非成员国货币实行联合浮动；二是可兑换性，指货币区内不存在任何针对经常项目或资本项目交易的外汇管制。很显然，货币一体化的两个构成部分相互关联，但科登认为可以对他们分别进行研究，原因是在欧洲曾有过货币区内各成员国货币之间在较长时间内保持固定汇率，但又不允许私人资本在货币区内自由流动的情况；而在美国、加拿大之间私人资本可以自由流动，但彼此之间又保持浮动汇率。据此，科登将汇率联盟细分为准汇率联盟和完全汇率联盟，其理论要点如下：

准汇率联盟指一体化组织各成员国之间保持固定汇率，无统一的中央银行，无统一的经济政策，成员国各自拥有自己的外汇储备，执行各自的货币政策和财政政策。准汇率联盟会产生一系列问题：（1）由于各成员国均力图制定出最适合本国国际收支状况的汇率，因而准汇率联盟成员国之间很难就共同汇率达成协议，在此期间准汇率联盟会处于连续的紧张状态；（2）每次协商都会伴随对结果的猜测，从而引起短期资本的投机性跨国流动；（3）准汇率联盟不允许其中心货币汇价随意改变，因此实际上中心货币国的货币当局决定了整个联盟的汇率关系；（4）准汇率联盟并不能保证永久性的固定汇率，也正是因为这一点，才称之为准货币联盟。当逆差成员国不愿采用紧缩政策以维持其货币与中心货币的固定汇价，顺差成员国也不愿采用扩张性经济政策时，准货币联盟内的汇率关系将发生大变动。鉴于以上四点，货币一体化不能仅仅停留在准货币联盟阶段，至少应建立一种自动安排机制，以使顺差国向逆差国提供资金帮助逆差国维持其货币币值的稳定，同时也给逆差国一定时间来调整各项经济政策。此外，联盟成员国中央银行有义务联合干预外汇市场以使各成员国货币汇价保持在事先规定的波幅之内。否则，准货币联盟就会崩溃，1992 年欧洲货币体系危机恰恰证明了上述理论。

完全汇率联盟要求建立共同外汇储备和统一的中央银行，联盟统一的中央银行可以在外汇市场上运作以保证联盟的固定汇率不变，同时允许中心货币汇价对非成员国浮动。此外，建立共同外汇储备还有一些附带的收益，即共同外汇储备数量会比各成员国单独拥有外汇储备数量之和少得多，因为所有成员国同时处于顺差或逆差的状况几乎不可能出现，且顺差国会自动帮助逆差国。但是，这需要一些保障措施，即要求联盟成员国协调彼此的经济货币政策。为解决这个问题以保证汇率联盟的正常运作，必须赋予联盟统一中央银行发行统一货币的权利，即汇率联盟的货币一体化步入最后阶段——货币联盟，当前的欧盟即处于这一阶段。

第二节　欧洲货币危机爆发过程

1992 年 9 月 8 日，芬兰政府宣布芬兰马克与德国马克脱钩，实行自由浮动。虽然芬兰只是一个小国，而且不是欧洲货币体系的正式成员，但是，芬兰马克脱钩，却成为欧洲货币体系危机的先兆。紧接着欧洲货币体系便爆发了危机，1992—1993 年的欧洲货币体系危机经历了三次大的动荡。

第一次动荡的结果是英镑和意大利里拉退出欧洲货币体系

的汇率机制以及欧共体两次调整货币汇率。9 月 12 日，面对投机商对里拉的疯狂攻击，由于靠提高贴现率难以阻挡投机风潮，意大利中央银行入市干预。但是央行抛出的 10 亿德国马克如泥牛入海，抢购马克的风潮愈演愈烈。13 日，欧洲货币委员会宣布对参加欧洲货币体系汇率机制的 11 种货币的汇率进行调整，意大利里拉贬值 3.5%，其他 10 种货币升值 3.5%，两者相加，里拉实际贬值 7%。这是欧共体自 1979 年 3 月 13 日建立欧洲货币体系以来第 12 次调整币值。但是，这次调整并没有遏止里拉的下跌趋势，9 月 16 日，里拉对德国马克的比价已低于浮动下限近 10 里拉。

随着里拉的不断贬值，投机商又将攻击目标转向英镑。英格兰银行为捍卫英镑的地位，连连提高利率。但是高利率并没有刺激英镑汇率回升，9 月 16 日，英镑最终突破了欧洲汇率机制规定的对德国马克比价的下限，英国政府只好决定英镑暂时退出欧洲货币体系汇率机制，任其在市场上自由浮动。此后，英镑汇率继续下跌。随后，意大利中央银行在几乎耗尽了 400 亿德国马克的外汇储备后，决定里拉暂时退出欧洲货币汇率机制。9 月 16 日深夜，欧共体决定：重新调整欧洲货币体系内货币汇率，同意西班牙比塞塔贬值 5%，英镑和意大利里拉退出欧洲货币体系的汇率机制。

紧接着，欧洲货币体系开始了第二次动荡。法国法郎、丹麦克郎和爱尔兰镑受到猛烈的投机冲击，相继跌到汇率机制规定的浮动下限。此时北欧国家货币汇率发生动荡，进而殃及欧洲货币体系，并影响到美元对德国马克的比价，欧共体随之决定：西班牙比塞塔和葡萄牙埃斯库多分别贬值 6%。

1993 年元旦刚过，第三次动荡以投机商对法国法郎的疯狂冲击开始了。1 月 30 日，经欧共体货币委员会讨论同意，爱尔兰政府在顽强奋战 4 个多月之后作出决定，允许爱尔兰镑贬值10%。爱尔兰镑成了欧洲货币危机中继英镑、里拉、比塞塔和埃斯库多后的第五个受害者，它的贬值是欧洲货币体系历史上最大幅度的一次贬值。1993 年 5 月 13 日欧洲货币委员会作出决定，葡萄牙埃斯库多和西班牙比塞塔分别贬值 6% 和 8%。之后，埃斯库多重返欧洲汇率机制。进入 7 月份，投机商对法郎的冲击愈加猖獗。法兰西银行展开法郎保卫战，自 1992 年 9 月至 1993 年 2 月底，不惜动用了 3000 多亿法郎的外汇储备保持法郎坚挺。到 1993 年 7 月 22 日前，法兰西银行外汇储备降至1030 亿法郎，而 29 日后则骤降为负 28 亿法郎。为了挽救欧洲货币体系，以最终实现欧洲统一货币的目标，8 月 2 日凌晨，欧共体各方终于达成协议，决定在中心汇率的基础上将法国法郎、比利时法郎、丹麦克郎、西班牙比塞塔、葡萄牙埃斯库多、爱尔兰镑等六种货币的浮动幅度扩大到上下各 15%，德国马克、荷兰盾和卢森堡法郎 3 种货币仍然维持上下各浮动 2.5% 的幅度，以应付欧洲金融市场上的投机风潮。至此，历时一年的欧洲货币危机结束。

第三节　欧洲货币危机的原因

一、经济因素是最根本最深层次的原因

进入 20 世纪 90 年代，世界经济出现了衰退的迹象。受国际

环境的影响，欧共体各国经济增长出现了停滞和衰退，成为欧洲金融风暴的根本原因。

在金融风暴爆发前，欧共体各国经济已普遍陷入衰退，衰退使欧共体成员原有的经济失衡更加突出。两德统一虽然使德国财政负担加重，利率上升，但整个经济形势仍是欧洲中最好的，马克不仅在欧洲一枝独秀，而且随着美元汇率的下跌，马克逐步扮演着世界货币的角色。20世纪90年代初，英国经济疲软不堪，生产力水平面临下降，出口近乎零增长，失业率居高不下，与德国经济相比出现了明显的差距，英镑实际上面临着潜在的贬值压力。意大利经济也十分困难，极高的通货膨胀率和巨额的国债大大损害了里拉的形象，为维持里拉的汇率，意大利的外汇储备几乎耗尽。法国在抑制通货膨胀方面虽然成绩斐然，出口增加，但整个经济仍然脆弱。由于各国经济消长不一，政策的优先目标不尽相同，政策取向不平衡加剧。国际金融市场据此对这些国家的经济协调能力缺乏信心，纷纷调整资产组合，抛售弱币，从而引发欧洲货币体系的动荡。

二、德国的高利率政策

统一后的德国为发展东部经济动用了大量财力和物力，引发了通货膨胀。为了抑制通胀，德国联邦银行采取紧缩性货币政策，使利率急剧上升。欧洲货币体系其他成员国只能面临这样的选择：或者在欧洲货币体系内实行贬值，或者允许其利率随着德国的利率上升。出于对汇率稳定性的重视，各国选择了提高利率维护货币稳定，以保持自身的竞争力。但是，20世纪90年代初期欧共体大多数国家经济发展疲弱，需要实行低利率政策来刺激经济增长，或使经济不致放缓。结果，法国通胀率不高，但因追随德国提高利率抑制了其经济发展；英国虽然压住了通胀，但高利率阻碍了其经济的复苏；意大利的财政赤字非常严重，因而受到的影响也最大。尽管他们一再要求德国联邦银行降低利率，但是均遭到德国联邦银行拒绝。可见，当各国政策发生矛盾或者当他们的经济遭遇到非同质的扰动时，准货币联盟的缺陷暴露无遗，欧洲货币体系因此受到严重扰动。

三、投机家的炒作

索罗斯对欧洲货币体系的先天缺陷明察秋毫，他从英国经济连年衰退的现实中预感到，英镑对德国马克的汇率不可能维持在汇率机制规定的浮动范围内，特别是当他从德国联邦银行决策人士那里得知德国不希望为了统一货币放弃马克的消息后，立即动用了100亿美元，向英镑发起猛烈进攻，并带动其他基金对英镑展开联合围剿，伦敦外汇市场顿时陷入恐慌，抛售英镑之风势不可挡。而索罗斯在一夜之间获取暴利10亿美元。英格兰银行最初动用外汇储备进行干预，但随之放弃，因为当时伦敦外汇市场每天的交易额高达3000亿美元，7倍于英格兰银行的外汇储备。投机商得手后，对其他欧洲弱币展开了一轮又一轮的猛烈攻击，致使欧洲货币市场一片混乱，弱币纷纷落马，欧洲货币体系摇摇欲坠。

四、欧洲汇率机制存在缺陷

当时的欧洲货币体系可以说是一种准货币联盟，实行一种相对固定的汇率制度，由参加国财长和中央银行行长组成的货币委员会负责确定各种货币间的中心汇率，市场汇率围绕中心汇率的波动上下都不得超过 2.5%（对西班牙、英国和葡萄牙三国货币放宽到 6%），一旦接近或超出浮动幅度，各国中央银行有责任进行干预。这种人为维持的固定汇率，并不能反映各国货币的实际地位。正因为如此，从 1979 年建立欧洲货币体系到 1987 年间，货币委员会经常根据各国经济情况的变化，频繁调整中心汇率。但是，到 80 年代后期，调整逐渐减少。90 年代初出于加速欧洲联合的政治意图亦未做任何调整，造成欧洲货币体系各国货币之间的汇率同他们实际购买力之间的关系严重扭曲。各国执行统一的货币政策，但经济政策难以协调，汇率人为地保持固定，资本却在各国之间自由流通，欧共体人为谋求经济趋同导致内部矛盾日趋尖锐，为欧洲金融风暴埋下了祸根。

五、对美元联合浮动加剧危机

欧共体建立欧洲货币体系的本意之一就是要摆脱美元对欧共体经济的影响，但欧洲货币单位的价值却是用美元表示的。欧洲货币体系对美元联合浮动，不允许任何一个国家单方面对美元调整汇率，某一国要变动对美元汇率，需要经过全体成员共同协商解决，以维持欧洲货币单位的美元价值不变。正是由于欧洲货币体系对美元联合浮动，有时弱币无力与强币一起浮动。如果弱币对美元汇价下跌，弱币国的中央银行不仅要在货币市场上抛售美元买进本国货币，承担维持与欧洲货币单位的固定比价的责任，还要承担与其他成员国货币的固定比价的责任。在这三重压力之下，弱币国常常处在顾此失彼的困难境地。这次欧洲货币危机爆发的直接原因就是由于英镑、里拉对美元、

欧洲货币单位和其他成员国货币三位一体的固定汇率难以协调
造成的。

六、欧洲货币单位定值本身孕育着危机

欧洲货币单位被称为埃居（ECU），它是一个篮子货币，欧共
体 12 个成员国都向欧洲货币单位提供一定量的本国货币，每个成
员国的货币在其中都有一定量的比重。各成员国货币在 ECU 中所
占的绝对量和相对量的大小是由各国的国内总产值的大小，对外
贸易在欧共体对外贸易总额中所占比重的大小，及其向欧洲货币
体系中的短期货币支持体系所提供份额的大小共同决定的。每隔
5 年，成员国货币在欧洲货币单位中的权数变动一次，但自 1989
年 9 月西班牙比塞塔加入之后基本上没有进行调整。由欧洲货币
单位的确定可以看出其先天缺陷：欧共体成员国的实力一旦变化
到一定程度，就要求对各成员国货币的权数进行调整，如未能及
时地发现实力的变化，或者发现了未能及时调整，通过市场自发地
进行调整就会使欧洲货币体系爆发危机。1992 年的欧洲货币危机的
根本原因之一就是德国实力的增强打破了欧共体内部力量的均衡。

第四节 欧洲货币危机的后果

1992 年 9 月—1993 年 7 月的欧洲货币危机给欧共体国家带
来重大的经济损失。这些损失主要表现在以下几方面：

一、欧共体经济遭受重创

在投机风潮连续不断的冲击下，欧共体国家中央银行为稳

定本国货币，或动用外汇储备，或一再提高利率，汇率战、利率战硝烟弥漫，使各国本已衰退的经济雪上加霜。受此影响，欧共体国家的财政赤字增加，企业大量倒闭，生产急剧下降，消费萎靡不振，失业率扶摇直上，有的国家甚至突破了两位数，经济政策协调出现裂痕，欧洲出现最严重的经济危机。1993 年，德国、法国、比利时、意大利、西班牙、葡萄牙和希腊的经济增长率分别降至 −1.3%、−0.7%、−1.3%、−0.7%、−0.5%、−1.1% 和 −0.5%，欧共体 12 国的平均增长率降到了 −0.3%，欧共体经济从此步入了持续 4 年之久的全面经济衰退时期。

二、大国之间裂痕加深

德国的统一打破了原有力量的均衡，西欧国家之间的关系呈现出错综复杂的局面。一方面，西欧需要联合自强，共同对付美国和日本的挑战；另一方面，西欧几个大国为了争夺欧洲事务的主导权和维护各自的经济利益，明争暗斗更趋激烈。德、法、英三国本来相互就心怀芥蒂，席卷欧洲的金融风暴使他们之间的矛盾进一步公开化。

三、一体化进程受到影响

欧洲货币体系在经历 1992 年秋天和 1993 年夏天的严重危机之后已近乎有名无实，保障内部统一大市场正常运行进而实现单一货币的基础遭到了极大的破坏。欧共体各国内部问题尤其是经济衰退和政府自身的政治生存已成为各国最为关注的问题，建设统一欧洲的梦想显然已被挤到了次要位置。风暴过后，对欧洲联合的怀疑情绪进一步滋长，德国人对于为欧洲货币一体化而牺牲马克产生了新的顾虑，意大利、比利时和西班牙等国的民众强烈反对政府为欧洲而牺牲本国自主经济政策的做法。受这场风暴的影响，各国经济深陷衰退泥潭，趋同难度加大，原先设计的经货联盟第三阶段从 1997 年开始的预想，最终被迫推迟到了《马约》规定的最迟时限——1999 年 1 月 1 日才得以实现。

第五章
日本金融危机

20 世纪 80 年代以来，全球范围的金融自由化大大推动了金融业的发展。伴随金融创新和产业资本证券化而来的是虚拟经济的迅速膨胀，当虚拟经济的膨胀速度超过实际经济增长速度时，就会出现经济虚拟化现象，而经济虚拟化必然导致泡沫经济的产生。所谓泡沫经济，《辞海》（1999 年版）中解释为"虚拟资本过度增长与相关交易持续膨胀日益脱离实物资本的增长和实业部门的成长，金融证券、地产价格飞涨，投机交易极为活跃的经济现象。泡沫经济寓于金融投机，造成社会经济的虚假繁荣，最后必定泡沫破灭，导致社会震荡，甚至经济崩溃。"20 世纪 90 年代，日本泡沫经济的破裂就导致了一场深刻而全面的金融危机，直至今日，日本经济尚在衰退的边缘挣扎。

第一节　日本金融危机的爆发

1985 年"广场协议"生效后，日元大幅度升值，从而使日元持有者的账面价值大涨，日本因此出现了大量剩余资本。为了抵消日元升值对出口的不利影响，日本政府采取了金融缓和政策，鼓励企业扩大投资，鼓励拉动国内需求以维持经济适度高增长。自 1986 年 2 月到 1989 年 5 月，日本银行的贴现率一直停留在 2.5% 的超低水平。在这种情况下，巨额资金流入股市，股票价格大幅度上升。东京证券交易所股票总市价由 1985 年的 190 万日元，上升到 1989 年的 611 万日元。日经平均股价 1984 年只有 11000 多日元，到 1989 年达到最高值 39000 日元左右。在高回报的引诱下，日本出现了全民炒股热。1989 年，日本人口的 1/5 是个人持股者。从 1984 年到 1989 年 5 年间，日本固定资产增长 35%，而股票资产却增长了 341%。[①]

1989 年 5 月，日本银行为了使过热的经济降温，把贴现率从 2.5% 提高到 3.25%，下半年又连续上调到 4.25%。1990 年初，股价开始迅速下跌，日经平均股价 3 个月就下降了 11000 日元，跌至 28000 日元。与此同时，在股价大幅下跌的 3 月份，大藏省又出台了一系列举措，限制对建筑业、不动产业和非银行金融机构的融资总量。8 月末，日本银行再次上调贴现率到 6%，致使日经平均股价一个月内就下降到了 20000 日元，与年初相比，差不多下降了 50%，众多普通投资者手中的股票被套死，或因企业破产而一文不值。随着经营房地产的公司陷入困境或破产，金融机构在不良债权迅速增加的同时，股票的潜在

----

① 胡坚、陶涛：《日本金融：危机与变革》，经济科学出版社，1999 年 8 月版，第 7 页。

收益急剧下降，资金周转困难，陷入经营危机。为了避免股价继续下跌对金融体系造成致命打击，大藏省采取了股价支持政策，增加政府的购股资金，同时放松银根，1993 年 3 月，贴现率降为 2.5%，同年 9 月又降到 1.75%。日本政府支持股价的政策在短期内取得了一定的效果，但是引发了股市剧烈的投机活动。随着政府干预政策效果的衰退，从 1993 年 10 月始，日本股价又开始大幅下降。1995 年到 1997 年间，日本股市剧烈动荡。1997 年东南亚金融危机爆发，受此影响，日本股市日经指数跌破 15000 点。当年 11 月，日本连续数家大型金融机构破产事件，特别是 11 月 24 日，日本四大证券公司之一的山一证券破产引起股市震荡。1998 年 1 月 12 日，日经平均指数再次大幅下跌，创 1995 年以来的最低点。从 1998 年 1 月—3 月，日本政府推出了一系列稳定金融、刺激经济增长的重大举措。但是，到 1998 年下半年，日本股市又在动荡中大幅暴跌，连创新的低点记录。

　　与此同时，日本的汇市亦动荡不安。1985 年到 1995 年，市场上日元兑美元的汇率在动荡中持续上扬。1985 年日元兑美元的汇率平均为 238∶1，到 1995 年上升到平均 94∶1。1994 年 4 月 19 日，日元汇价上升到 79.75∶1 的最高点。从此，日元开始了在动荡中下跌的历程。1998 年 8 月 11 日，日元跌到 147.64 兑 1 美元，创 8 年来的最低点。从 1998 年 9 月份开始，日元贬值的趋势开始扭转，并在 10 月份开始出现了超常升值的情况。为此，1999 年 1 月 12 日，日本政府对外汇市场进行了干预。进入 21 世纪，日元基本处于疲软状态，即使偶有升值，也是因为一些特殊因素如财政结算时期日元需求加大或美元走软等，而不是建立在对日本经济有良好预期的基础上。由于金融危机的不断深化，自 20 世纪 90 年代起陷入衰退的日本经济至今仍未能出现根本性的起色。尽管政府进行多次金融改革，但金融机构的巨额不良债权问题依然没有缓解。

第二节　金融危机对日本经济的影响

日本金融危机带来的不良后果主要包括以下几方面：

一、规模巨大的不良债权

日本泡沫经济崩溃导致了巨额不良债权，近年来，日本各界比较一致地认为，金融机构的不良债权为 100 万亿日元。在巨额不良债权的重压下，日本金融机构举步艰难，资金周转困难，大量金融机构陷入经营危机。

二、多家金融机构破产倒闭

从 1991 年开始，日本金融机构开始出现危机和倒闭风波。1995—1997 年三年间，共有近 30 家金融机构破产或被合并。自1997 年开始，一些影响较大的金融机构也开始破产倒闭，如1997 年 11 月 17 日日本十大商业银行之一的北海道拓殖银行倒闭，此后不到一个星期，日本四大证券公司之一的山一证券公司也倒闭了，日本举国为之震惊。同月 26 日，日本大型信托投资银行安田银行，被国际标准普尔评级机构宣布已"不具备投资资格"，成为继山一证券公司之后又一家被赶出国际金融市场的日本金融机构。此外，另一家具有国际影响的大银行日本长期信用银行也因不良资产问题，于 1998 年 10 月破产。金融机构的大批破产，尤其是大银行破产带来连锁反应，使相关企业和个人都蒙受了巨大损失。银行为避免风险和增加自有资金，进一步加紧资金回收，客观上推动了金融紧缩，加剧了企业资金困难，使危机进一步深化。

三、日本经济持续萎靡不振

20 世纪 80 年代中后期，日本为防止日元升值对经济的负面影响，实行了刺激经济增长、扩大内需的金融缓和政策。在长期低利率政策环境下，日本国内投资迅速扩张，国内生产总值年平均增长超过 5%，形成了 1987—1991 年经济空前繁荣的"平成景气"。在这期间，日本企业利用来自银行的低利贷款和按时价发行的股票收益掀起了设备投资浪潮，到 1990 年和 1991 年，日本制造业设备投资依然保持 20% 的高增长率。但是，"泡沫经济"破灭很快就对实体经济产生了严重影响。金融机构的危机和股票下跌，使企业资金紧张，投资萎缩，产品销量下降，库存增加，经营发生困难。企业经营困难又导致职工收入下降，社会消费萎缩，经济陷入了生产过剩和社会有效需求不足的怪圈。1996 年日本经济曾出现转机，当年国内生产总值比上年度增长 3%。但是，1997 年 4 月，日本经济又出现了大幅度下降。特别是 1997 年下半年东南亚发生金融危机，使日本出口严重受阻。由于东亚地区是日本最大的市场，占日本出口总量的 44%。因此，东南亚金融危机使得日本经济雪上加霜。日本经济自 1991 年开始衰退，一直处于低迷状态。

第三节 日本金融危机的原因探析

一、"泡沫经济"的破灭是金融危机的直接原因

20 世纪 80 年代后半期泡沫经济的形成和发展及其在 90 年代初的崩溃是日本金融危机的直接原因。在泡沫经济时期，日本的股票和不动产价格飞涨，企业为牟取暴力竞相购买，同时以价格急剧膨胀的资产作抵押向银行等金融机构大量融资，致使资产负债率过高，而银行等金融机构为增加收益，放松了对企业资产结构的审查，大量发放房地产抵押贷款。两者互相推动，导致"气泡"越吹越大。这种脱离生产力发展水平的金融资产、不动产价值的虚拟增长，必然使经济繁荣的表象无法持续。随着泡沫经济的破灭，股票和房地产价格迅速下跌，企业陷入偿债深渊，而银行等金融机构则出现了大规模呆账、坏账，金融业的正常经营秩序被打乱，并由此引发了一系列银行危机。

二、日本金融制度的缺陷是金融危机的根本原因

日本金融危机也可以说是日本金融制度的危机，日本金融制度的缺陷主要表现在以下方面：（1）政界官员不清廉。在原有体制下，政府官员尤其是大藏省官员拥有编制财政预算案及制定、执行、解释金融政策并监督实施的权力，权力部门的官员成为财界人士巴结的对象、接近的目标，出现了审查者与被审查者、监督者与被监督者间如胶似漆的关系，导致腐败盛行；（2）金融政策与实绩不透明。日本大藏省及银行界的腐败必然

带来日本金融政策、金融机构经营业绩的不公开、不透明。由于日本银行没有独立性①，没有制定、解释、监督执行金融政策的权力，相关金融政策被策划于密室之中，因而外界经济主体对日本金融政策无法详尽正确理解。另外，泡沫经济破灭后，日本监督当局为避免现有体系的崩溃，没有足够重视日本金融机构的巨额不良债权，而是采取了隐瞒事实的"鸵鸟政策"，不将金融界的真实情况告诉国民及国际社会。这种金融政策与金融实绩的不透明，不可能解决任何问题，只能使问题无法拖延时，以金融危机的形式爆发；（3）日本金融安全网不合理。日本实行的是所谓"护卫舰"式的金融体制，即大藏省下的几个大银行周围聚集着许多小银行，大家共同抵御风险。这种体系必然引发金融机构的道德风险与逆向选择：政府事实上的隐性担保使一般投资者及自有资本不足的银行偏好于选择高风险、高收益的金融商品。若投资成功，则金融机构及投资者受益，若投资失败，则政府承担损失。这种金融安全体系加大了金融体系的风险。

三、日本对外政策的被动性尤其是日元对美元的依附是日本金融危机的外在原因

战后日本经济的高速增长有赖于美国与日本之间深厚的政治和经济关系。就日美经贸关系看，日本通过对美贸易顺差积累了大量美元，这些美元又大量流回美国，购买美国债券，从而使日本成为美国最大的债权国。1985 年日本对外投资额为

---

① 直至 1998 年，日本银行才被赋予制定执行货币政策的独立性。

818 亿美元，其中 535 亿美元是对美国各类债券的投资。日本对美国持有巨额债权，使得日本对美国经济的依赖程度加深。据日本有关专家估计，1981—1985 年，日本经常收支顺差为 1200 亿美元，其中有一半来自日本资金对美国的回流。美国市场已成为日本经济的重要生命线。因此，当美国认为美元价位已遏制美国经济的发展，需要国际协调联合干预汇率时，日本没有异议。因为日本和美国的债权债务关系特别是一些政治因素使日本无法独立，必须听命于美国。《广场协议》后，市场预期把日元一路推高，限制了日元利率政策的调整，使得日本在日元升值、利率超低的背景下催生了"泡沫经济"，并引致金融危机的爆发，严重伤害了经济发展的活力。

第四节　危机后日本金融制度的改革

一、日本传统金融体制的弊端

战后日本形成的金融体制有两个突出的特点：一是政府管制，日本"管制金融"的特点是事前管理和防范。二是主银行制，它把银行和企业在利益上紧密联系在一起。

日本政府长期以来对金融业实行严格的监管，管制内容主要包括：开业和停业管制、利率管制、分业管制和担保管制。日本的金融管制，虽然都有法可依，但实际上许多权力都是赋予政府的。因此，政府的行政手段在日本金融管制中是起主导作用的重要手段，在实际的运作中，作为金融主管的大藏省发挥着重要的作用。

　　日本政府对金融的管制政策是战后长期以来日本金融一直保持稳定的关键。日本政府对金融机构实行所谓"护卫舰"式的保护，使所有金融机构都能维持经营，从而使金融秩序稳定，并出现"银行不倒"和高储蓄率的结果。利率管制为国民经济的发展提供了大量的低成本资金；分业管理避免了金融机构之间的过度竞争，并使资金流动有序。所有这些都为战后日本经济的快速发展创造了必要的金融环境。

　　但是，日本传统金融体制存在很大的弊病，对金融机构的开业管制，扭曲了竞争，不仅限制了不合格金融机构开业，而且也人为限制了金融机构的数量，日本自1960年以来就没有成立过新的银行，削弱了优胜劣汰的竞争因素。长期的低利率政策，使日本的证券市场发育缓慢。严格的分业管理，限制了金融机构之间的合理竞争。由于金融主管当局大藏省掌握很大的权力，各金融机构花费很大精力从事"寻租"活动，致使大藏省官僚主义严重，对金融监管不严，对发生的"黑幕"交易进行包庇。而日本的主银行制，使银行和企业之间形成独特的紧密关系，银行对企业的大量参股，使得企业利益直接成为银行的利益，银行和企业联手作弊、违规经营则在所难免。日本泡沫经济的形成，主要推动力就是金融机构将巨额资金直接或通过企业间接投入房地产市场和股票市场的行为所致。所以，日本金融体制存在的弊端加大了金融机构的风险，金融危机的爆发更使这些弊端暴露无遗。

二、日本金融制度改革

　　20世纪80年代初期，为适应贸易自由化和金融国际化的需要，日本对金融体制进行了改革。改革的取向是金融自由化，内容是放宽限制，包括放松利率管制、放松业务限制、放松有担保原则、放松对国内资本市场的管制以及推进日元国际化。但是，80 年代的改革并没有从根本上触动传统金融体制的基础。金融当局传统的管理思维和管理方式并没有改变，不仅没能阻止金融危机的爆发，反而使危机进一步深化了。

面对社会各界对金融体制进行根本改革的呼声，90 年代初期，日本政府采取了一些改革措施，主要有《金融改革法》、《存款保险修订法》、《健全性确保法》和《改组特例法》。其主旨是放松管制、改革监督机制和管理办法。由于改革中大藏省试图保持对金融机构的控制力，因此这些法律措施的出台并没能使日本的经济及金融状况好转。随着金融危机进一步深化，宏观调控政策屡屡失效，经济在衰退中苦苦挣扎，大藏省因改革实施不力受到国民的一致指责。在这种情况下，日本政府终于下定决心对金融体制进行彻底改革。

1996 年 11 月，当时的首相桥本龙太郎指示大藏省和法务省着手准备于 2001 年前完成的改革方案，对日本的金融体制进行彻底的改革。改革的目标是把日本金融市场变成一个基于市场机制的自由市场，透明的、值得依赖的公正市场，超越时代的全球化市场。改革的主要内容是：废除和放宽对开展金融业务的各种限制，促进银行、证券和保险业互相参与经营，鼓励金融机构增加金融商品种类，提高服务质量，促进金融机构之间的竞争；推动间接融资向直接融资转换，阻止东京金融市场萎缩，加强东京世界第三大国际金融中心地位；充分、有效地运用金融资产，使投资者获得更好的回报，企业获得充足的资金，支持成长型产业；放宽外汇管理，搞活外汇交易，促进日元的国际化；完善金融市场和金融交易的基本规则，建立公正、透明、可依赖的金融商品交易框架和法律规章制度；进一步充实和完善信息披露制度，加强对违法行为的处理。

相关的法律制定和修订分两步走。第一，1997年出台了最重要的《日本银行法》和《外汇法》。第二，1998年底，出台了24个与金融改革有关的法律，即"金融改革一揽子法"，包括《银行法》、《证券交易法》、《投资信托法》、《保险法》、《金融监督厅设置法》、《禁止垄断法》等。这些法律出台后，共同构成了日本金融法规的新体系，标志着日本彻底的金融改革进入了实质性阶段。

在这次改革中，日本银行的独立性以法律条文的形式明确下来，金融监督权亦从大藏省中分离出来，显示出日本金融管理体制发生了本质的变化。这次金融改革，是一次全方位的改革，目标明确，强度很大，在很短的时间内大量的政策法规集中出台，并且有明确的时间表，要求改革的主要工作在1998年内完成，随后进行相关项目的改革，全部工作在2001年结束。因此，被成为"大爆炸"式改革。这次改革从内容看是对日本传统金融管理体制动了一次彻底的手术，但"冰冻三尺，非一日之寒"，改革成效仍需时间来检验。

第六章
亚洲金融危机

第二次世界大战后，亚洲"四小龙"以及东南亚新兴市场经济国家抓住外部机遇，成功地实现了经济赶超。但是，这些国家在推动经济高速增长、努力实现经济赶超的过程中，经济各层面积累了众多的矛盾。1997 年 7 月，一场因泰铢贬值引发的东南亚金融危机迅速席卷亚洲，进而波及全球。其发生之突然、动荡之剧烈、危害之严重，可谓举世震惊。亚洲金融危机是战后两次最具国际规模的重大金融危机之一①，它使东亚新兴工业化国家的经济遭受重创，暴露了这些国家经济快速发展过程中积累起的金融脆弱性，并使东亚赶超式经济增长模式受到质疑。

第一节　亚洲金融危机的爆发

亚洲金融危机的发生、发展和演变可以分为四个阶段：

---

① 另一次是 2008 年由美国次贷危机引发的国际金融动荡。

一、泰铢贬值引发东南亚金融危机

1997 年 7 月 2 日，泰国政府宣布放弃已实行 14 年之久的固定汇率制度，实行浮动汇率制度。当天，泰铢兑美元汇率下跌近 20%。在泰铢大幅贬值的恐慌之中，人们纷纷将存款从银行取出兑换成美元或黄金，泰国金融危机爆发。危机迅速传播到东南亚各国和地区，甚至影响到世界其他地区。菲律宾、印度尼西亚、马来西亚、缅甸等国的金融市场均受到强烈冲击，其中菲律宾、印尼在巨大的投机压力下，放弃了维持汇率的努力，新加坡汇率亦跌破了支持点。与此同时，欧洲、南美一些国家的金融市场也受到不同程度的冲击。8 月 14 日，印尼政府正式决定印尼盾自由浮动，从而引发印尼盾、菲律宾比索、泰国铢、新加坡元大幅度下跌。港币受到更大的冲击，兑美元的汇率一度突破被认为是警戒线的 7.75 港币。台湾、韩国也受到了较大的冲击。受汇市的影响，东南亚股市飞流直下。菲律宾、印尼股市都创出单日历史最大跌幅，马来西亚、泰国和香港股市也都大幅下跌。

二、东南亚金融危机恶化，台币和港币受到投机者集中攻击

9 月下旬，一次投机性抛售引发东南亚各国货币全线下跌，再次创出历史新低。在这一轮动荡中，台湾新台币受到强烈冲击，几番较量后，台湾政府于 10 月 17 日放弃干预市场，宣布新台币汇率由市场供求决定。国际投机商在对台币得手之后，立即加强了对港币的狙击。香港政府奋起捍卫联系汇率制，以 50

亿美元的外汇损失和银行同业拆借利率达 300% 的代价获得成功。但是，香港股市暴跌，经济受到沉重打击。香港股市暴跌，不仅引发了东亚金融市场新一轮动荡，而且由于香港经济及金融业在世界上的地位和作用，使东南亚金融危机真正成为世界性问题。恒生指数的下跌导致亚洲—太平洋地区从悉尼到新加坡到东京的所有股市行情下跌，华尔街股市和欧洲所有重要股票市场都受到冲击。

三、来自韩国和日本的金融危机

1997 年初以来，韩国发生多起大型企业集团破产案，另有一些大型企业集团陷入经营危机。这些大型企业倒闭或陷入困境，严重打击了韩国金融业，大量坏账、呆账把银行界拖入困境。从 8 月开始，外国投资商们纷纷抛售韩元和韩国股票，韩国金融市场动荡，韩元暴跌，股市下挫。到 1997 年 11 月份，韩国政府的外汇储备只剩下 73 亿美元，银行和企业的国内外金融活动基本陷入停滞。面对这种局面，1997 年 11 月 21 日，韩国政府宣布向国际货币基金组织请求援助。此后，韩元继续贬值，1998 年 1 月份，同 1997 年 7 月份相比，韩元已贬值 49.1%。

1997 年 11 月份以来，日本接连发生多起银行和证券公司倒闭事件，引发了新一轮货币危机，致使日元贬值。12 月 5 日日元兑美元汇价跌破 130 大关，1998 年 1 月 6 日跌至 134，达到 5 年多来的最低点。日本股市也发生动荡，特别是日本四大证券商之一的山一证券公司破产，预示日本金融状况进一步恶化。日本和韩国分别是世界排名第二和第十一位的经济大国，韩元贬值和日本银行危机对全球金融市场带来巨大冲击。

四、印度尼西亚财政预算案引发新一轮金融市场动荡

1998年1月6日，印尼总统公布了1998—1999财政年度预算。由于预算案与印尼的实际差距太大，金融市场迅速作出反应。印尼盾在两天之内下跌20%，恐慌引发了全国性的抢购，致使国内一片混乱。印尼危机引发了东南亚新一轮金融市场动荡，汇市和股市再度下跌。香港已经基本稳定的股市又一次受到强烈冲击。这一轮动荡对全球股市也产生了较大冲击。1月9日美国道·琼斯指数下跌222点，成为1997年10月底以来下跌幅度最大的一天。当天欧洲三大股市也出现大幅下跌，伦敦、法兰克福和巴黎股市分别下跌99点、110点和35点；拉美各股市也出现了自1997年10月底以来最严重的下跌。

第二节 危机主要发生国的应对措施

一、谋求国际援助

金融危机爆发后，受灾最重的泰国、印度尼西亚和韩国先后向国际货币基金组织请求援助。1997年底，经国际货币基金组织牵头，国际社会承诺：向泰国提供170亿美元，向印度尼西亚提供400亿美元，向韩国提供550亿美元，共计1140多亿美元，其中国际货币基金组织提供350亿美元。这是国际货币基金组织有史以来规模最大的救援行动。但是，由于援助附有苛刻条件，因此进展并不顺利。迫于国内形势，泰国、印尼和韩国最后都被迫与国际货币基金组织达成协议。但由于这些援

助条件多涉及受援国主权，引起了受援国社会各界的强烈反响。

国际货币基金组织对泰国的援助条件主要有：1997 和 1998 年经济增长率保持在 3%—4%，年通货膨胀率控制在 8% 和 9% 以下，经常项目赤字降低到 5%—3%，建立有管理的浮动汇率体制，将增值税 7% 提高到 10%，建立存款和信贷担保机构，削减政府开支，保持预算平衡及加强财政纪律等。对印尼的援助条件主要有：降低经济发展速度，减少政府开支，关闭体制不佳的银行，减少食物补贴，撤除贸易障碍，取消低效率的国家专卖制度等。对韩国的援助条件主要有：1998 年经济增长调到 3%，1999 年恢复到 5.5%，2002 年提高到 6.5%，控制通货膨胀，减少进出口贸易赤字，关闭不可能复苏的金融机构，对可能复苏的金融机构调整结构和扩充资本，承诺加速开放金融市场，允许外国人投资韩国的金融业等。这些援助条件被国际社会称为是国际货币基金组织为受援国经济开出的"苦药方"。它的内容概括起来主要有两方面内容：一是对受援国的经济发展、调整和改革提出了具体要求；二是迫使受援国进一步开放国内市场，为西方发达国家争取了更多的市场准入权。

二、调整货币政策，放宽汇率管制

几乎所有的东南亚国家都在投机资本的冲击下，由原来实施固定汇率制改行浮动汇率制或随市场汇率变化而变动。泰国政府于 1997 年 7 月 2 日宣布放弃实施十四年之久的固定汇率制，改行浮动汇率制。7 月 11 日，菲律宾政府也宣布将相对固定的汇率制改为"根据市场因素在更大范围内浮动"的汇率制。

7月14日，马来西亚中央银行宣布放弃保卫林吉特，实行浮动汇率制。8月14日印尼政府宣布印尼盾汇率自由浮动。

三、打击投机，保护本币

各国在危机开始时，首先的反应是动用外汇储备，大量抛售美元干预外汇市场。如泰国为了保卫泰铢，从320亿美元外汇储备中拿出234亿美元干预外汇市场。印尼央行仅在7月一周内就向市场抛出10亿美元。而新加坡政府利用充裕的外汇储备抛售巨额美元，基本上稳住了外汇市场。其次是大幅度提高利率和隔夜贷款利率，以限制资本市场的投机活动。如香港特区政府为了打击投机，保卫港币，将银行间隔夜利率提高到300%。

四、削减财政开支，促进出口

为了尽快渡过难关，东亚国家纷纷削减政府开支，停建或取消一些大型基建工程，同时鼓励出口，努力改善国际收支状况，恢复投资者的信心。这些措施对克服金融危机起到了实质性的积极作用。如泰国前后3次削减1998年度财政预算，政府部长和公务员都自动减薪二成。同时政府给予创汇企业更多的优惠，努力提高出口竞争力。马来西亚政府决定推迟多项大型基建工程，并且宣布旨在减少经常项目赤字的几项重要措施。其中包括削减20%的政府开支，取消政府部门不必要的进口，只为国家公务员提供国产车等。而菲律宾1997年的出口增长了23%。

五、降低不良债权，整顿金融市场

首先是处理地产业危机。泰国由政府担保发行近 40 亿美元的债券，以保证已开工的商业建筑完工。马来西亚央行规定，地产业占商业银行贷款总额比重从以前的 29% 降到 20%；菲律宾规定房地产贷款不得超过银行贷款总额的 20%，贷款数额不得超过项目所需资金的 60%。印尼政府 1997 年 7 月 20 日宣布，责成银行对现有坏账进行彻底清查和管理，暂停股票市场新的公司挂牌上市，禁止各银行向房地产商发放新的贷款。

其次，实施金融重组。从 1997 年 8 月到 1998 年 2 月，泰国关闭了 56 家金融机构，接管了 3 家商业银行，使国家经营的银行增加到 5 家。印尼采取关闭和合并的措施，1997 年 11 月，央行关闭 16 家经营不善的商业银行，1998 年 1 月，又将 5 家私营银行合并成 2 家。马来西亚也加快了金融重组的步伐。

最后，扩大金融开放，允许外国投资者收购本国银行或增加在银行中的股份。泰国、菲律宾、马来西亚、印度尼西亚都将外国投资者在银行中拥有的股份增加到 50% 以上，印尼甚至允许外国投资者拥有 100% 的股份。韩国也加大了金融业对外开放的力度，允许外国股份投资的比例达到 50%，并承诺尽快开放短期债券市场。

六、加强地区协调，共同应对金融危机

1997 年 7 月 25 日，马来西亚、菲律宾、新加坡、泰国、印尼等 10 国（地区）金融当局签定货币回购协议，当一国出现国际收支困难时，其他国家可以提供短期资金给以援助。随后，

东盟召开经济部长年度会议，决心加快东盟经济内部一体化进程，共同应对金融危机。1997 年 9 月中旬，在泰国曼谷召开了亚欧第一次财政部长会议。东南亚 7 个国家和中国、日本、韩国以及欧盟 15 个成员国的财政部长参加了会议，会议集中讨论了遏止和打击金融投机行为的对策。这些行动对稳定市场信心起到了一定的积极作用。

七、其他危机自救措施

马来西亚处理危机的措施与众不同，它没有向国际货币基金组织求援，而是加强了部分政策管制措施，并引起很多非议。但是，当金融风暴过去后，马来西亚却成为经济恢复最快和最强劲的国家之一。综观马来西亚处理危机的措施，主要包括两个阶段的政策措施：第一，1997 年 7 月初金融市场开始动荡时，马来西亚中央银行在采取提高利率和动用外汇储备等方式保卫林吉特汇率失败后，于 7 月 14 日宣布实行浮动汇率。为了遏止林吉特不断下跌，马来西亚中央银行从 8 月初开始实施限制外国客户的调汇安排，规定外国客户最多只能借贷 200 万美元作为非商业活动，但这一措施未能取得预期成效。为了打击外国投机资本的买空活动，吉隆坡股票交易所于 8 月 28 日把综合指数成份股列为"指定股票"，同时禁止投资机构和银行借出股票。这一措施令投资者信心大失，吉隆坡综合指数在短短 3 天内下跌8%。第二阶段，1997 年 9 月，马来西亚实行扶持股市的措施，设立了一项 600 亿马币的基金，宣布对卖空指数股的限制，并决定推迟多项大型基建工程，这几项措施令投资者信心大增，林吉特币值和股市在此后迅速回升。为了进一步增强投资者的信心，几天后，马来西亚政府又宣布了旨在减少经常项目赤字的几项重要措施，其中包括削减20%政府开支，取消政府不必要的进口，只为国家公务员提供国产车等。到1999年，完全采用自救措施克服危机的马来西亚，与接受国际援助的印尼、韩国、泰国相比，其经济复苏最快和最强劲。

第三节　亚洲金融危机的原因探析

一、世界经济发展的政治和经济背景发生了变化，而东亚地区各国对这种变化和挑战没能作出积极回应

国际背景的变化主要包括：（1）世界经济发展的政治环境发生了重大变化。冷战结束后，经济关系已经成为国际关系的主导，维护本国利益、促进本国经济发展，已成为各国对外关系的核心目标。东亚国家和地区不仅失去了西方国家尤其是美国的支持和保护，而且彼此之间还成为竞争对手；（2）经济全球化进程大大加快，尤其是金融全球化的发展，使发展中国家处于极其被动的地位。在经济全球化发展进程中，发达国家利用自身经济、贸易、金融、技术的强大实力，占据有利位置，争夺世界市场、追求利益最大化。发展中国家为了获得经济、贸易机会，获得资金、技术支持，常常不得不接受发达国家提出的苛刻条件，被迫开放尚不成熟的市场。对发展中国家来说，相对脆弱的经济体系，很难承受开放市场条件下金融和商品贸易自由化的冲击。（3）全球生产力相对过剩，产品供大于求。冷战结束后，世界各国都把发展经济作为当务之急。亚洲各国

积极地扩充生产能力，东欧、拉美各国以及非洲一些国家，也都加快了经济发展的步伐。随着 90 年代初主要发达国家经济陷入衰退，世界范围内形成了生产能力过剩的局面，尤其是劳动和资本密集型产品。而东亚国家将大量的投资投向资本密集型的较低技术含量的电子产品，其产品同西方发达国家相比竞争力不足，同中国等后起国家相比，生产成本占明显劣势，这使东亚国家出口面临严重困难，并造成国际收支的失衡。而投资过度，生产能力与市场需求失衡，产品积压，使企业资金周转困难，陷入经营危机，累及银行。因此，有些经济学家指出，东亚金融危机实质上是投资过度和生产过剩造成的。

二、宏观经济政策和管理失误

东亚各国和地区宏观经济政策和管理存在问题，才是这场危机的根本原因。主要表现在：

（一）投资过度，造成经济过热，经济结构失衡

东南亚国家经济的长期高增长主要依赖投资和出口。由于其出口结构单一，生产成本不断上升，造成国际竞争力不断下滑。随着世界市场对其产品需求的萎缩，东南亚国家经常项目逆差严重，1994 年以来这一状况一直在恶化。但是，这些国家并没有对经济结构进行调整，反而加快了金融开放的步伐，放手利用短期外资来填补外贸逆差和资金缺口，从而造成严重的债务问题。流入的短期外资又大都投向回收快、收益高的股票和房地产市场，造成股市繁荣和房地产泡沫。随着经济增长放缓，大量房地产商品积压，造成银行呆账坏账激增，积累了大量的金融风险。

（二）盲目推进金融自由化，在金融监管机制不健全的情况下，过早开放金融市场

90 年代以来，东南亚国家陆续开放了金融市场。随着资本项目的开放，外国资本的进入对平衡国际收支和本国企业利用外资带来了便利。但是，由于东南亚国家没有像西方国家那样建立起必要的金融监管和风险防范机制，吸引资金成了唯一的目标，使得这一地区成为投机者的天堂。国家对外资和外债失去了控制。一有风吹草动，外资抽逃，经济就会受到严重影响或打击。

（三）金融政策失误，汇率缺乏灵活性，不能适应国际金融市场变化

东亚多数国家和地区实行某种形式的与美元挂钩的联系汇率制度。90 年代以来，美国经济持续增长，通货膨胀率较低，美元坚挺。但东亚国家的通货膨胀率高于美国，货币明显高估，出口竞争力被削弱，经常项目状况恶化。在这种情况下，东亚国家没有及时调整汇率，而是采取了高利率政策，以此吸引大量外资弥补经常项目赤字。大量短期资本流入，加重了债务负担；而高利率使生产成本升高，出口竞争力进一步削弱。外贸逆差越来越大，只能再借外债，特别是短期商业性贷款，由此形成恶性循环。僵硬的兑换制度、开放的资本市场使东亚国家政府的宏观调控能力受到极大的限制，并成为国际投机商虎视眈眈的目标。

（四）政府对经济的干预使得政企不分，并滋生了严重的腐败

政府积极参与微观经济运营是东亚模式的主要特色，它曾

为东亚经济腾飞作出重要贡献。但是，随着经济的崛起，东亚各国政府拒绝让市场发挥最终决定作用。政府干预经济的后果是：（1）造成政企不分。在东南亚各国，普遍存在政府干预银行信贷活动的情况和政府指令性贷款、政治压力贷款等问题。政府、企业和银行的关系不是以市场为媒介建立起来的，而主要是由政府的权利联结起来的；（2）企业的发展与市场脱节。企业的发展常常不是立足于市场供求状况，而是立足于争取政府的支持。政府和企业的这种关系必然使得国内的经济结构、金融市场处于扭曲、不健康状态；（3）"道德问题"严重。政府对经济的积极干预使得政府和企业之间结成了亲密无间的联盟，导致了众所周知的"道德问题"，带来了严重的社会腐败。而腐败问题又使经济问题加重，它妨碍了宏观经济的稳定、私营企业的活动和经济的持续发展，甚至动摇了社会稳定的根基。

三、投机资金的恶意炒作，严重影响了市场信心

随着经济全球化和金融国际化的发展，各国之间的经济依赖性和金融连动性越来越强。一国的金融动荡会迅速在国际金融市场传播，在金融混乱中国际投机势力却寻找到了致富的良机。他们制造和利用混乱，在市场盲目跟风的情况下大发其财。索罗斯就是用这种手段，屡屡在国际金融市场上兴风作浪。1992 年欧洲货币危机、1994 年墨西哥金融危机都与金融投机的恶意攻击分不开。在东南亚国家中，泰国经济的一系列问题使泰国成为东南亚经济中最薄弱的环节。自 1997 年 2 月起，国际投机资本就不断对泰铢进行攻击。在这些国际投机商的攻击下，泰国终于力不能支，被迫宣布泰铢与以美元为主的一揽子货币

体系脱钩，汇率由市场决定。此后，投机商又转而对菲律宾比索、马来西亚林吉特、印尼盾等东南亚国家货币进行攻击，金融危机也由此扩展到东南亚各国。后来，投机商又对新台币和港币发起攻击。可见，国际投机是东南亚金融危机传播和破坏广泛的重要因素。

四、政局不稳定

在泰国，自 1991 年以来政局一直动荡多变，政府频繁更换，没有一位领导人在台上的时间能够长到足以重视和着手解决越来越多的经常项目赤字和投入房地产开发中越来越多的外债问题。此外，菲律宾国内动乱频仍、印尼对苏哈托统治的反叛、韩国大选带来的政治争斗等使得这些国家的政治局势复杂多变。不仅引发金融动荡，而且引起社会的不安定。在这种不稳定的局势下，投资者难以树立信心，而各国的宏观政策亦缺乏连续性，造成宏观协调不力。可以说，各种政策失误根源还在政治方面。

第四节　亚洲金融危机的教训

亚洲金融危机使亚洲国家和地区损失惨重。从 1997 年 7 月起至 1998 年 1 月初的半年时间里，亚洲许多国家和地区的货币都大幅贬值。1998 年 1 月的最低点与 1997 年 1 月初比较，泰铢贬值 56.2%，印尼盾贬值 84.8%，菲律宾比索贬值 43.4%，马来西亚林吉特贬值 48.3%，新加坡元贬值 12.3%，新台币贬值 19.8%，韩元贬值 49%；马来西亚吉隆坡股市下跌 56.4%，新加坡股市下跌47.9%，印尼雅加达股市下跌56.1%，泰国曼谷股市下跌40.7%，菲律宾马尼拉股市下跌48.5%。这意味着在国际市场上，上述国家特别是东南亚国家的国际购买力和股票资产，在半年的时间里损失了将近一半或一半以上。而汇率下跌、股市动荡所造成的资产损失更是难以确切估计。亚洲金融危机带来沉重的教训：

一、高度重视全球化的负面作用

20世纪80年代中后期以来，全球化的进程加快。信息技术的突飞猛进更使金融全球化成为各国融入全球化潮流的敲门砖。发达国家引诱、鼓励甚至胁迫发展中国家开放金融市场。而发展中国家本着出让市场，吸引资金和技术来发展经济的目的，对全球化可谓充满热情。尽管人们也曾提出它的负面作用，但从这次亚洲金融危机看，人们对它的负面作用还是估计不足。

全球化使国家管理经济的作用弱化。大型跨国公司成了世界经济的主要力量。它的进入一方面能够使发展中国家参与国际分工，获取比较利益；另一方面，必定对民族工业甚至是国家的经济主权造成巨大冲击。而金融自由化使得世界金融资本的流动大大加快，金融创新工具不断翻新。借助于现代信息技术所提供的条件和金融创新工具及其所带来的新的市场运作方式，金融投机更具隐蔽性和破坏性。在世界各国和地区发生的大大小小的金融动荡和金融危机中，许多国家深受其害。在这次亚洲金融危机中，这种投机活动所造成的危害更是有目共睹。

通过亚洲金融危机，人们清楚地看到，全球化是一把双刃剑，与其相关的市场化、开放性、信息化以及经济资本化、金融自由化等等，对发展中国家来说更具危险性。稍有不慎，就会酿成大祸。所以，国际货币基金组织总裁康德苏亦在一次国际会议上特别指出，要注意全球化的负面影响。因此需要对全球化重新审视，对融入全球化的方式重新考虑。

二、利用外资要适度，并对外资进行宏观调控

利用外资的目的是使外资的流入成为促进国内技术创新、产品更新，进而促进产业结构升级的重要推动力。但从东亚国家和地区看，对外资的流入放任自流，缺乏有效的调控和监管，主要是：（1）对外资长中短期资金比例没有调控，致使外资的短期资金流入比例过高；（2）未能对外资产业和地区投向进行引导，致使外资主要流向轻纺、电子等加工工业，以及房地产、证券等投机行业，形成"泡沫经济"。再加上外资主要流向首都及少数几个开放城市，造成城乡与地区差距扩大，生产力布局更加不合理；（3）引进外资只注意引进资金、设备和办厂设店，而未能引进技术，也没有组织本国科技力量对其进行消化吸收、组织攻关和创新发展。东亚利用外资没有发挥外资对优化产业结构的促进作用，而是导致这些国家产业结构同构化、轻型化、投机化，产品低水平，更新换代难，成为东亚发生危机的结构性原因。

三、完善汇率机制，防范金融资本投机

东亚国家和地区在国内经济、金融体制不太健全、监控手段不强的时候，过早地开放资本市场，被外国投机资本钻了空子，终于酿成苦果。因此，一国在开放资本市场前，一定要首

先完善汇率机制，以防范金融投机。从这次东亚金融危机可以看出，一国货币汇率政策应根据国际、国内经济环境的改变而及时作出调整，否则将遭受国际短期资本的投机冲击。但是，汇率制度的改变必须具备一定的条件和充分的准备，如足够的外汇储备、有效的管理机制等。亚洲金融危机显示，僵化的汇率体制必将受到投机资本的冲击（在资本市场开放的情况下），而因外来冲击造成的汇率制度转换代价惨重。因此，必须做到未雨绸缪。

四、必须建立健全国内金融体制和金融风险防范机制

亚洲金融危机显示，国内金融体制和金融监管机制是否健全，是能否抵御国际金融危机的关键因素。IMF 经济学家莫里斯、戈尔茨坦根据 1994 年墨西哥金融危机总结出威胁金融安全的主要指标，包括：（1）短期债务与外汇储备比例失调；（2）巨额经常项目逆差；（3）消费比例过大；（4）预算赤字；（5）资本流入的组成；（6）汇率定值过高；（7）货币供应量迅速增加。这些指标在亚洲金融危机中再次得到验证，对发展中国家建立健全国内金融体制和金融监管机制，防范金融危机具有重要参考价值。

第七章
拉美金融危机

　　20 世纪 90 年代，拉美金融危机爆发频仍。危机爆发国墨西哥、巴西和阿根廷金融体制的同构性特征使危机爆发的原因极其相似。这几个国家都在 20 世纪 90 年代初期加快了金融开放的步伐，都为治理高通货膨胀将本国货币与美元维持固定汇率。随着美国"强势美元"政策的实施，这些国家的国际收支受到沉重压力，脆弱的经济不堪重负，终于爆发金融危机，其固定汇率制在危机中走向解体。

第一节　拉美金融危机简述

一、墨西哥金融危机

　　1994 年 12 月爆发的墨西哥金融危机被认为是"全球化后的第一场金融危机"。墨西哥新任总统塞迪略在 1994 年 12 月初执政后，继续实施经济改革，对外开放和大力吸引外资的政策。但是，政局不稳及庞大的贸易逆差使投资者对墨西哥的经济和政治前景信心下降，外资流入急剧减少，政府为弥补国际收支逆差不得不动用外汇储备，致使外汇储备大幅下降。19日深夜，上台不到20天的塞迪略政府终于顶不住当时外资大量抽逃对墨西哥货币新比索形成的压力，通过电台和电视台宣布该国货币新比索贬值15%，而上届政府规定比索的最高贬值界限仅为每日贬值0.0004比索。然而这一措施并未起到稳定投资者信心的作用，反而在外国投资者中间引起恐慌，资本外流愈加凶猛。索罗斯等投机者又趁火打劫，在外汇市场大量甩卖比索。墨西哥政府为稳定比索，动用外汇储备购买比索，两天之内就失掉了40亿至50亿美元的外汇储备，到12月22日，墨西哥国家外汇储备几近枯竭，降到了少于一个月进口额的水平。为挽救这种失控局面，墨西哥政府不得不在48小时内宣布新比索自由浮动，政府不再干预外汇市场。同时，墨西哥政府要求企业和工会支持冻结商品和劳务价格60天，以便稳定民心和消除混乱。但是，市场信心并未因此而恢复，比索贬值局面一再失控，比索兑美元由贬值前的3.74:1下跌到5.9:1，跌幅达60%。比索如此暴跌进一步挫伤了投资者的信心，促使他们迅速从股票和证券交易市场抽资，造成股市剧烈波动，1995年1月10日，股指一度下跌11%，为1987年西方股市暴跌以来最严重的一天。尽管后来有所回升，但连续9日仍累计下跌近13%。此次危机使墨西哥经济陷入困境，并且严重冲击了拉美国家和地区的金融市场，甚至也影响到亚洲及欧洲的金融市场。

二、巴西金融危机

1999年1月6日，巴西米纳斯吉拉斯州新上任的州长宣布

90 天内暂不偿付欠联邦政府的 154 亿美元的债务，州政府也无力支付 2 月 10 日到期的由该州发行的约 1.08 亿美元欧洲债券。这一决定一经播出，立刻引发投资者对巴西经济的信心危机，他们对巴西能否履行为获得 415 亿美元贷款同国际货币基金组织达成的协议产生了怀疑，国内各大股市立即大幅下挫。13 日，巴西新任央行行长宣布调整现行汇率政策：将本国货币雷亚尔对美元的汇率从 1.12 至 1.20 雷亚尔兑换 1 美元，调为 1.20 至 1.32 雷亚尔兑换 1 美元，即将雷亚尔贬值约 8.5%，自 1994 年以来实施的坚挺雷亚尔计划顿遭流产。

　　在巴西政府宣布汇率政策调整之后，股市再次暴跌，当日巴西两大股市—圣保罗和里约热内卢股市在 13 分钟内主要股票指数均跌破 10% 大关，以至于股市当局不得不启动 "断路装置"，中止交易半小时，以避免造成更大损失。汇市方面，由于市场反应认为雷亚尔贬值幅度过小，投资者继续抢购美元。为维持汇率，央行虽已抛售了数 10 亿美元救市，但无济于事。到 1 月 15 日，美元对巴西雷亚尔的比价突破了 13 日刚刚确定的新比价，已有约 50 亿美元在最近的 20 天内流走，巴西的外汇储备已不到 300 亿美元，巴西中央银行宣布仍暂不对外汇市场进行干预，这意味着美元对巴西雷亚尔的比价在汇市可以自由浮动。由于雷亚尔实行浮动汇率，虽然汇率一路走低，但这意味着巴西政府适时地调整了外汇政策，对巴西整个经济的增长将是有利的。在这种预测与期望下，1 月 15 日，受巴西暂不干预汇市、雷亚尔贬值、美元升值的影响，拉美股市普遍反弹。巴西股市大幅反弹，拉美两个最大股票市场圣保罗和里约热内卢股市分别上扬 33.4% 和 30.3%，创下自 1991 年 2 月以来的最高升幅。

另外，巴西金融动荡以来，一些经济大国领导人以及世界重要跨国公司对巴西市场始终持乐观态度的立场为稳定投资者的信心起到了重要的作用，特别是在德国法兰克福召开的有关巴西问题的亚洲10国和欧盟15国财长会议，为巴西以及拉美股市的回升起到了催化剂的作用。1月18日，巴西中央银行发表公报，正式决定长期实行1月15日宣布的该国货币雷亚尔对美元和其他外币汇率自由浮动的政策。至此，在巴西实行了52年的固定汇率制终结了。到1月20日，巴西金融市场已经稳定下来。

　　1月21日，巴西政府公布1998年经常项目赤字占国民生产总值的4.48%，高于1997年4.16%的水平。巨额赤字立即引发了投资者的信心危机，市场上大量抛售雷亚尔，外汇市场大量外资抽逃，股市持续下跌。巴西央行不得不入市干预，但未能阻止巴西雷亚尔的大幅贬值，1月29日，达到1美元兑换2.20雷亚尔，创雷亚尔币值的最低记录。与1月18日巴西政府宣布正式实行自由浮动汇率政策时1美元兑换1.59雷亚尔的比价相比，雷亚尔贬值已达38%；同1998年底1美元兑换1.20雷亚尔时相比，贬值幅度则达到83%。为稳定雷亚尔的汇率，巴西央行2月1日将银行间拆借利率从37%提高到39%。当日，雷亚尔在连续贬值8个交易日后，终于开始反弹，并带动股市上扬。为了进一步稳定本国货币雷亚尔对美元的汇率，巴西央行于2月4日发行了10亿雷亚尔债券干预市场，政府也于当日宣布与国际货币基金组织达成了初步协议，从而为市场的稳定注入了强心剂。自此，巴西金融危机终于告一段落。

　　巴西金融危机引发了全球金融动荡，拉美国家首当其冲。1999年1月13日，雷亚尔正式贬值后，投资者纷纷逃离拉美新兴市场。当日，阿根廷股指下跌 10.37%，跌幅居拉美之首。智利、秘鲁、哥伦比亚、委内瑞拉等国紧随其后，股指分别下跌4.97%、5.45%、3.43% 和 3.01%。墨西哥一直不景气的股市在 13 日继续下跌 4.60%。由于巴西是美国的重要出口市场，许多美国公司在那里从事金融活动，因此，巴西的金融动荡不可避免地引发了美国投资者的担心。在 13 日华尔街股市开盘后的第一个小时内，道—琼斯指数便狂跌 261.58 点，随后，由于美国政府对巴西金融危机的表态使投资者恢复了部分信心，股市指数又回升了 169.41 点。但是，第二天，道—琼斯指数一路下泻，骤降 228.63 点。此后，纽约股市一直处于动荡中。西欧和中东欧各股市也无一幸免。亚洲股市年初纷纷回升的大好行情亦因巴西金融动荡而夭折。其中，印尼股市和汇市受到的冲击最大。巴西金融危机再次引发了投资者对新兴市场的信心危机。

三、阿根廷金融危机①

从 2001 年年初开始，阿根廷金融危机的阴影逐渐显现出来。面对巨额外债以及由此产生的债务清偿危机，阿根廷政府不得不同国际货币基金组织进行了一系列谈判，并且按照 IMF的要求采取不断紧缩的政策措施。由于人们对经济前景预期悲观，资金开始大规模逃离阿根廷。2001 年 11 月，IMF 以阿根廷政府未能实现将财政赤字降低为零的目标为由，决定暂停支付

---

① 江时学："阿根廷危机的由来及其教训"，《拉丁美洲研究》，2002 年第 2期；高严军："阿根廷危机：政治和社会问题的两难选择"，《中国改革》，2002 年第 2 期；盛正德："阿根廷危机对中国的警示"，《当代经济研究》，2002 年第 6 期。

本应在 2001 年 12 月拨付的美元贷款。此举进一步损害了国内外投资者对阿根廷克服经济困难的信心，公众开始争先恐后地到银行提取自己的存款。仅 11 月 30 日这一天，人们从银行提取的存款总额就高达 13 亿美元，银行系统处于极度危险中。由于阿根廷政府必须在 2001 年年底以前支付 120 亿美元的外债本金和利息，而资金外逃使外汇储备不断减少，如果外汇储备减少到 130 亿美元，阿根廷的固定汇率制就会面临严重的危险。为了阻止人们挤兑银行存款和资金外逃，当时的德拉鲁阿总统于 12 月 3 日起开始实施金融管制措施。其核心是控制储蓄者从银行提款，即储蓄者每周只能从银行取出 250 比索。此外，政府还规定，许多种类的美元存款将被冻结到 2003 年。这些措施虽然使银行系统幸免于难，但在各党派和政府内部引起了很大的分歧，在民众中产生了巨大的抵触情绪，德拉鲁阿总统因此被迫下台。

萨阿总统上台后，立即宣布采取暂停支付到期外债、削减政府机构开支等应急措施。但由于萨阿政府继续实施严厉的银行管制措施，并宣布将发行"阿根廷券"作为第三种货币在金融领域流通。这些措施尤其是在恢复存取款自由问题上，群众与萨阿政府出现了严重的对立。在要求得不到满足的情况下，人们再次走上街头，并再度发生暴力冲突。萨阿总统在仅仅就职一个星期后辞职。

2002 年 1 月 2 日，杜阿尔德出任阿根廷总统。他一上台就立即宣布放弃货币局汇率制度，使比索贬值 29%。在阿根廷，80% 的信贷是以美元计值，而工资以比索计值。因此，为了安抚民心，政府同时规定，在 10 万美元以下的欠银行的贷款，可按 1 比索等于 1 美元的汇率将美元转换成比索，用比索偿还。

这种被称为"比索化"的做法虽然有利于储蓄者，但不利于银行。据保守估计，政府的这一规定将使银行损失 90 亿美元，而银行估计自己的损失将在 100 亿—200 亿美元之间。面对银行界的抱怨和不满，政府又作出不利于储蓄者而有利于银行的决定：存在银行的美元必须转换成比索。这无疑使政府在民众中的威信进一步降低。许多人向法院提出诉讼，要求政府取消这些管制措施。2 月 1 日，最高法院作出裁决，私人财产必须得到保护，政府禁止储蓄者从银行提款是违法行为。日益严峻的形势使阿根廷政府认识到，外部援助是至关重要的。为了得到 IMF 的援助，杜阿尔德总统采取了压缩政府财政开支、增加对出口企业的课税和自 2002 年 2 月 3 日起实施浮动汇率制的措施。这些措施有利于稳定金融市场，但抑制了消费，加重了经济疲弱。

第二节　拉美国家在金融危机中的应对

一、墨西哥在金融危机中的应对

金融危机爆发后，墨西哥政府主要采取了下列稳定金融市场的措施：

（一）实行浮动汇率

危机爆发后，从 1994 年 12 月 22 日起，墨西哥政府宣布实行自由浮动汇率，使汇率随市场需求自由浮动。危机前，比索兑换美元的汇价为 3.2 比索兑换 1 美元。实行浮动汇率后，1995 年比索兑换美元的汇价最低时达到 8∶1；1997 年达到 8.4∶1；1998 年初降到 8.6∶1。浮动汇率的实行使墨西哥避免了更大的外汇损失，同时对稳定投资者信心起到了良好的作用。

（二）实施全面紧缩计划

主要包括：1995 年墨西哥政府财政开支比 1994 年削减 9.8%；限制工资增长幅度，以制止通货膨胀大幅度上升；提高税收，把增值税从 10% 提高到 15%；提高物价，为防止物价上涨过猛造成过大的通货膨胀压力，采取一次性提价和逐月提价相结合的办法。

（三）实行宽松货币政策，加速经济的恢复和发展

墨西哥央行将主要参考利率—银行间平均贷款利率从 1995 年 2 月 110% 的最高水平回落到同年 12 月的 40% 左右，1998 年年初又回落到 25% 左右。这有利于减轻银行和企业负担、尽早恢复生产和投资。

（四）在国际上发行面值近百亿美元的政府财政债券

一是为获得资金，以缓解国家资金短缺，补充外汇储备，提高对外支付能力；二是以此提高国际信誉，增强国内外投资者对墨西哥金融的信心。

（五）稳定银行体系

墨西哥政府采取了先稳定、后调整、再改革的慎重方针。危机爆发后，墨西哥银行面临大面积坏账和支付能力丧失。对此，墨西哥政府没有轻率地任其破产，而是采用了慎重的保护和支持政策。一是对一般有困难的企业和银行，政府通过提供支持性信贷、收购其到期债务的办法，帮助债务人与债权银行达成延期还债协议；二是对实际上处于破产状态或濒于破产的银行，政府进行接管、监督和管理，提供一定资金维持其正常营业，并禁止挤兑。三是对已由政府接管、经过整顿仍无法继

续运营下去的 10 多家银行，在 1996 年形势好转后，政府负责拍卖或引进国内外资本，由其他银行兼并。这一做法虽然给国家财政造成极大负担，但对于防止银行和其他金融机构大面积破产的"多米诺骨牌效应"、稳定市场信心、进而稳定金融、保证墨西哥顺利渡过危机，发挥了非常重要的作用。

二、巴西在金融危机中的应对

巴西比较快地渡过金融危机首先取决于政府比较成功的应对措施和国际社会大力而迅速的支持，其次是巴西自身的经济状况具有较强的承受力。具体讲，危机的克服主要归功于以下因素：

（一）及时调整汇率政策

在金融动荡开始后一个星期，巴西中央银行毅然决定放弃干预，终止了实行 52 年之久的固定汇率制，实行浮动汇率制。由于巴西较早地停止了捍卫雷亚尔的行动，所以仍持有近 400 亿美元的外汇储备。巴西虽有 5300 亿美元债务，但其中 3000 亿美元为内债，大部分可以用雷亚尔偿还。因此，巴西尚有回旋余地。

（二）美国和国际货币基金组织的及时反应和支持

巴西金融危机爆发后，出于自身利益的考虑，欧美等国特别是美国纷纷表示支持巴西政府采取的汇率调整政策。巴西是美国在拉美最大的投资国、债务国和第二大贸易伙伴，巴西发生金融经济危机对美国影响甚大。为帮助巴西渡过难关，美国政府联合其他发达国家为巴西出谋划策。在美国的支持下，国际货币基金组织及时宣布了援助计划，给巴西政府及投资者吃了定心丸，有力地稳定了市场，对控制巴西金融危机的蔓延起到了关键性的作用。

（三）巴西金融危机具有其独特性

巴西发生的金融动荡与东南亚金融危机相比，具有一些明显的不同之处：（1）亚洲金融危机爆发时，各国货币贬值幅度很大。如泰国和印度尼西亚危机爆发时货币贬值超过50%，而巴西此次危机的货币贬值幅度为8%。可见，巴西问题的严重程度要小得多。（2）巴西的金融动荡似乎早已在人们的意料之中。1998年，国际货币基金组织就开始对巴西实施总额高达415亿美元的救援计划，全球金融界实际上已经就此发出了预警信号，投资者对局势的发展已经有心理准备。不像东南亚1997年金融风暴对世界经济的突然袭击，令各国政界、经济界和市场措手不及。因此，许多投资者接受1998年的教训（1998年全球金融动荡中，许多投资者为了躲避风险，曾将大量资金从股市抽出转向较为安全但回报率较低的债券市场，因此遭受很大损失），在这次股市波动中按兵不动，静观其变，这对防止巴西金融危机的蔓延客观上也起到了一定的作用。

（四）从巴西自身经济状况看，其经济结构比较合理，从而对金融危机具有相当的承受力

巴西经济基础较好，"泡沫经济"成分较少，外国直接投资多投在工业和商业等部门，在房地产、金融等易产生泡沫经济的部门相对较少。造成巴西金融动荡的根本原因是财政赤字和债务，而不是结构性问题。特别是墨西哥金融危机爆发后巴西就开始对其银行系统进行改革，使得整个金融系统泡沫不多，不存在大量的呆坏账。金融危机爆发后，巴西全国仅有两家小

型投资银行倒闭，其余金融系统均运转正常。只要巴西能够成功地控制财政赤字，形势就不会继续恶化。这也是巴西金融危机虽然来势凶猛但化解却相对容易的一个原因。

第三节 拉美金融危机的原因及启示

一、拉美金融危机的原因

（一）资本流动与固定汇率制结合的宏观经济政策严重失误

20 世纪 80 年代末，拉美国家大力推进贸易和金融自由化。同时，为了治理恶性通货膨胀，这些国家普遍实行盯住美元的固定汇率制度。如墨西哥为了控制高达三位数的通货膨胀率，人为地将比索与美元的汇率固定在 3000 比索兑换 1 美元。1993 年初又推出新币制，把旧币去掉 3 个 0，汇率仍稳定在 3.74 新比索对 1 美元，阿根廷则实行比索与美元等值的联系汇率制，巴西的坚挺雷亚尔计划也是规定 1 雷亚尔等于 1 美元。这项政策确实取得了一定的效果，促进了经济的快速增长，通货膨胀率迅速下降。但是，这些国家与美国之间的通货膨胀率差异很大（如墨西哥通胀率为 10%，而美国该时期通胀率一直在 3% 左右），致使他们的币值被高估，削弱了出口竞争力，出现了长时期的经常项目逆差。为平衡国际收支，这些国家不得不大举借债。像墨西哥，1989 年吸引的外资仅为 10 亿美元，1990 年就猛增至 84 亿美元，而到 1994 年底，其吸收和利用外资达到 750 亿美元。大量外资流入的同时也导致一些投机性资金大量涌进，虽然外资的流入对拉美国家经济发展起到一定的推动作用，但过分依赖外资，加重了经济的脆弱性，使得政府调整经济的回旋余地缩小，对经济增长势必造成负面影响。一旦外资减少，必然影响经济的稳定。此外，为维护固定汇率制，政府不得不维持较高的利率吸引外资，加重了企业经营成本和政府外债利息的负担，给经济和金融带来沉重打击。

（二）不适当地举借外债

外债问题一直是拉美国家经济的隐患，20 世纪 80 年代的债务危机虽然在当时得到解决，但只是治标不治本，拉美国家的债务问题在 90 年代更加深化了。墨西哥金融危机前以比索计算的外债占国内生产总值 39.3%，偿债率为 23%。巴西金融危机前即 1998 年底，其外债总额已达 2350 亿美元，创历史最高记录。每年仅偿付到期外债的本金和利息就需数百亿美元。而阿根廷 90 年代中期后，其外债每年递增 100 亿美元以上，到 2000 年阿根廷外债总额达到 1462 亿美元，相当于当年外汇收入的 4.7 倍，当年的还本付息额占其出口收入的 38%。巨额外债严重制约了拉美经济的发展，并成为始终悬在投资者心中的一颗定时炸弹。特别是大量外债并没有用来发展经济，而是用于维持联系汇率和还债，结果造成借新债还旧债的恶性循环，一旦举债无望，就不可避免地给经济带来灾难。

（三）政局不稳，社会危机严重削弱了投资者信心，并使金融危机走向深化

在发生金融危机的国家，政局不稳使金融动荡雪上加霜。如墨西哥金融危机前，由于政局不稳，社会矛盾激烈，使投资者对其政治、经济形势的信心下降，纷纷抛售比索，抢购美元。从 1994 年 2 月份开始，外资已基本停止流入墨西哥，一些投资

者甚至抽回资金，使墨西哥外汇储备逐日减少，严重威胁其固定汇率的稳定。而在阿根廷，由于经济改革过程中出现的社会问题长期得不到有效解决，造成群众对政府反危机的措施不予支持，反而引发社会动乱。

二、拉美金融危机的启示

（一）必须选择适合本国国情的汇率制度

在经济全球化时代，国民经济与国际经济的联系越来越密切，而汇率是这一联系的"纽带"，因此，选择合适的汇率制度，实施恰当的汇率政策，已成为经济开放条件下决策者必须考虑的重要问题。1994 年年底爆发的墨西哥金融危机和 1997 年年中爆发的东亚金融危机在一定程度上都可以说是由汇率变动诱发的。阿根廷危机的原因之一也与货币局汇率制度有关。但是，并不是说浮动汇率是最佳选择。问题是在实施某种汇率制度的过程中，如何采取一些相应的配套措施，使其在有利的环境中运转。因此，采用一种适合本国国情、有利于提高本国竞争力的汇率制度非常必要。

（二）要充分认识到经济全球化有机遇也有风险

墨西哥金融危机是"全球化的第一场危机"，是其全面接受北美自由贸易协定有关金融开放条款的直接结果，这已是国际金融界的共识。经济全球化和区域集团化，为各国带来了机遇，但也带来了新的风险和问题。过去，人们对全球化和区域集团化带来的好处估计过高，而可能产生的负面影响认识不足，这是墨西哥前届政府匆忙开放金融市场的主要原因。无独有偶，为融入经济全球化浪潮，巴西于 1990 年 3 月开始了新自由主义的改革，即贸易自由化、资本流动自由化和公营事业私有化。在跨国公司的强势下，巴西经济独立性日见消蚀。尤其是金融一体化的负面影响更是日趋明显，因为整个发展中国家在全球金融一体化中处于绝对劣势。与发达国家相比，发展中国家金融市场的发达和成熟程度还较低，国内金融自由化、国际化还刚刚起步，其经济对金融动荡的吸收和承受能力均比较脆弱。然而，由于国内资金不足、技术和管理资源有限，又不得不向发达国家开放投资市场，加大引资力度，造成金融一体化越是发展，发展中国家对发达国家依附性也越强的现象。这种现象在巴西表现得极为突出。

拉美金融危机说明，开放金融市场，是与世界经济接轨的必要条件。但是，如果像发达国家所要求的那样，在条件不具备的情况下，全面开放金融市场，可能会产生极其严重的后果。在经济全球化条件下，规模较大的新兴市场往往是国际投机的主要目标。拉美金融危机绝不是几个国家的事，而是金融市场全球化带来的后果之一。

（三）金融市场的开放必须是有序的和渐进的

一个发展中国家不可能长期依赖外国资本流入来维持国际收支平衡，经常项目的赤字不容忽视，经常项目失衡往往是由于经济结构的失调造成的，要及时调整经济政策，来纠正这种失衡。而一国的资本市场开放不仅要渐进，而且要有序。如果一个发展中国家准备实施资本项目项下的货币自由兑换，要选择一个理想时机，即在国内宏观经济环境较为宽松、经济结构合理、国际收支特别是经常项目在相当时期内实现并保持平衡时进行，切不可在条件不成熟时仓促为之。否则，在市场出现较大波动时，就会遭到外国投资者（主要在证券市场）抛售本币的压力，造成国际资本投机的冲击。

（四）利用外资时不能被外资利用

过分依赖海外市场资金，尤其是短期游资的增加会导致经济的不稳定是发展中国家应吸取的教训之一。因此，发展中国家在引进外资问题上应以稳妥为原则，要注重产业结构的平衡发展，要利用外资而不要被外资所利用。具体做法：（1）外资在国内总投资占的比重要适度；（2）外资结构，特别是资金构成和投资方向，要保持合理的比重。引进外资应以生产性直接投资为主，投机性金融投资占的比重不应过大；（3）允许外资参与本国证券、货币市场，是以实行自由汇兑和自由兑换制度为前提的。这就要求国家必须拥有足够的对外支付手段和融资能力。否则在发生较大规模动荡时，国家很可能因缺乏必要的支付手段而陷入困境，从而引发更大规模的危机。墨西哥1994年年底和1995年年初，实际上已处于丧失支付手段的境地。

（五）政府要对危机爆发前的信号高度敏感

这些信号包括：（1）短期债务与外汇储备比例失调。如果投资者对一个国家的偿债能力有怀疑，他们将不愿意让该国延期偿还即将到期的贷款。当1994年12月墨西哥出现清偿力危机的时候，该国的外汇储备只够偿还20%的短期外债；（2）巨额经常项目逆差；（3）投资与消费失调。在1994年以前的4年里，墨西哥经常项目逆差的增加额中有4/5源于储蓄率降低和消费增加；（4）预算赤字。据"劳森理论"说，只有在经常项目逆差成为预算赤字的一种反映时，这种逆差才会引起人们的不安。如果这种逆差是私营部门有关储蓄和投资决定的一种反映，那么它就没有什么危险；（5）定值过高的汇率。一种货币定值越高，投机者就越想攻击它；（6）货币供应量迅速增加。如果这种货币供应的增加有可能使一种资产价格泡沫变大然后破裂，而使银行出现巨额呆账的话，那么这种货币供应量增加的危险性就特别大。1994 年墨西哥市场上的流动资金就特别多。

第八章
俄罗斯金融危机

1998 年 5 月，俄罗斯发生金融危机。一直到 10 月，金融市场的稳定才得以恢复。期间债市几度停止交易、股市大幅度下跌、汇市极度混乱、卢布大贬、政府推迟还债、物价飞涨、国内抢购成风，几乎酿成社会动乱。俄罗斯金融危机是继亚洲金融危机以来的又一次对世界金融市场造成冲击的国际金融危机，与其转型国家的特点相结合，俄罗斯金融危机的原因及其应对值得我们研究和借鉴。

第一节　俄罗斯经济转轨及其后果

自 1992 年起，俄罗斯开始实行"休克疗法"式的经济政策，进入了艰难而沉重的转轨过程。"休克疗法"的理论基础是所谓的"华盛顿共识"，这种观点开始是针对 20 世纪80 年代拉丁美洲国家的经济危机提出的，是当时由国际货币基金组织、世界银行等国际组织以及美国财政部共同商定的一项政策建议，即主张"尽可能最大限度地自由化，尽可能最快地私有化，并在财政、金融方面采取强硬措施。"[①] 建立在该观点上的"休克疗法"一般包括两方面内容：一是经济转轨的目标模式是建立自由市场经济，二是从计划经济过渡到市场经济要采取激进的一步到位的方式。亦即实行"三化"：自由化、私有化和稳定化。自由化指经济活动自由化和对外贸易自由化（如开放市场、放开汇率等），私有化主要指通过采取行政手段大规模地把国营企业变为私人财产，稳定化是通过财政金融各方面的紧缩政策，达到稳定财政和稳定货币的目的。在这"三化"中，私有化是核心。这种做法曾用于治理玻利维亚等国的恶性通货膨胀，缓解债务危机，稳定宏观经济形势，并且取得了成效。美国、国际货币基金组织和世界银行又把它搬到了俄罗斯和东欧国家，期望再次出现奇迹。但是，事实证明这种做法是失败的，它使俄罗斯付出了沉重的社会和经济代价。

俄罗斯经济转轨带来的后果主要包括：（1）社会生产力遭受严重破坏，经济总量持续下滑。（2）经济秩序紊乱，通货膨胀严重，投资萎缩，财政困难。（3）金融秩序紊乱，商业银行停止或大幅度减少生产投资贷款，而大批企业面临倒闭或亏损给银行的生产性贷款带来很大风险，使银行状况十分脆弱。（4）人民生活水平大幅度下降，居民收入差距拉大，社会问题增多，政局不稳。

---

① G.W.成勒思克："从'休克'失败到'华盛顿共识'"，《社会经济体制比较》，1999年第2期，第10页。

第二节　俄罗斯经济转轨中的汇率制度选择

在俄罗斯的"休克疗法"中，货币自由兑换被纳入其中，并与全面的企业私有化、价格自由化、贸易自由化、金融自由化等一起同步实施。伴随着卢布自由兑换的进程，俄罗斯的汇率制度不断演变，经历了由浮动汇率到汇率走廊再到浮动汇率的进程。作为从计划经济向市场经济转轨的重要标志之一的汇率制度改革，俄罗斯的经历充分显示出这一问题的复杂和风险。

在"休克疗法"方案中，最初采纳的是完全由市场供求决定的浮动汇率制。由于俄罗斯国内金融市场秩序混乱，政府货币监管处于失控状态，浮动汇率制的导入加剧了经济形势的恶化。为了稳定卢布汇率，俄罗斯从 1995 年 7 月开始实施"汇率走廊制"。"汇率走廊制"实施的三年中，俄罗斯的经济形势相对稳定，货币供应量增速减缓，年通货膨胀率被控制在 10% 以下，外汇比价变动较小。

但是，在实施"汇率走廊制"期间，1998 年 5 月俄罗斯金融危机爆发，俄罗斯中央银行外币资产大量减少，卢布大幅贬值。事实证明，外汇走廊制难以维持，它使俄罗斯政府在恶劣的经济和金融形势下，没有能力维护本国货币汇率的稳定。1998 年 9 月，俄罗斯中央银行宣布放弃"联系"汇率制，卢布实行浮动汇率制，汇率水平由外汇市场的供求决定。

俄罗斯卢布自由兑换进程中汇率制度的演变及其后果，给转型国家带来深刻的启示：对于转型国家来说，在实行经济市场化过程中，客观上存在一个如何确定最优次序的问题。针对如何确定财政政策、货币政策和外汇政策次序问题，美国经济学家麦金农提出，首先要平衡中央政府的财政收支，财政控制应该优先于金融自由化；其次，当政府财政赤字被消除后，应进行国内资本市场的自由化改革；最后，通过经常项目的自由兑换，继而资本项目的自由兑换逐步实行汇率的自由化。俄罗斯在经济市场化中显然没有遵循这种次序，在推行市场经济体制改革中积累了众多的矛盾，终于导致金融危机的爆发。至少证明俄罗斯的"休克疗法"是开错了药方。

第三节　俄罗斯金融危机的过程

1998 年 5 月，俄罗斯爆发金融危机，并对国际金融市场造成较大的冲击。这场危机从外因看是由东南亚金融危机引发的，但从内因看，则是俄罗斯经济转轨过程中所积累各种矛盾的集中爆发。

俄罗斯金融危机经历了三次大的起伏，整个过程可以分为三个阶段：

一、1998 年 5 月初到 27 日前，外国投资者已陆续从俄罗斯撤走资金达 140 亿美元

5 月 27 日，外国资金突然集中外逃，俄罗斯金融债券市场顿时出现剧烈动荡：短短一天时间里，上市公司股票的价格平均下跌了 10%，国家短期债券年利率从 60% 跳到 80%，交易所

美元兑卢布比价升至1:6.2，一夜之间就超过了中央银行规定的1:6.188的限定浮动幅度。俄罗斯金融市场终于爆发了危机，并迅速波及乌克兰、捷克、波兰、匈牙利等中东欧国家，致使这些国家货币对美元汇率纷纷贬值。俄政府迅速出台了一系列紧急措施，到6月底，金融危机得到了初步控制。卢布汇率基本保持稳定，中央银行黄金外汇储备增加了10亿多美元，总额近160亿美元，已经接近1998年初的水平。中央银行贴现率也从150%降到60%，反映借贷成本的国债券收益率则回到55%，股市也随之逐渐回暖。

二、1998年7月初，俄罗斯政府与俄罗斯天然气工业公司在结清欠税和处理国有股问题上发生纠纷（俄罗斯天然气工业公司提供的税金占俄罗斯全国税金的1/4）

在反危机纲领中，总统、政府和议会的潜在矛盾又再次凸现，国际金融机构在是否提供100亿—150亿美元帮助俄罗斯稳定金融形势的问题上亦无定论。所有这些情况在投资者中引发了对俄罗斯新一轮信任危机。外国投资者急于抛售俄罗斯国有债券和公司股票，挤兑外汇。俄罗斯本国持券者也纷纷仿效，从而使金融市场再次出现新的危机。7月6日和7日，俄罗斯国债券收益率连续突破90%和110%的大关，卢布汇率出现大幅波动，两天内市场价便突破俄中央银行定的浮动幅度上限1:6.2390，达到了1:6.2550。针对这次金融再次恶化的现状，俄政府向国际货币基金组织求援，并获得187亿美元的贷款承诺。这笔贷款协议的达成，对稳定市场信心起到了立竿见影的效果。

三、1998 年 8 月 10 日，日元贬值、国际石油价格持续下跌以及对俄罗斯经济形势的悲观预测等因素再次引发投资者信心危机，大规模抽逃资金的现象再一次出现，俄罗斯债市、股市持续下跌

13 日，债市交易几乎停止，短期国债收益率升到了 150%—200%，一年期国债年收益率甚至高达 300%。股市的恐慌更为严重，一度出现停盘现象。汇市更是岌岌可危，从 7 月下旬到 8 月初，官方汇率快速下跌，许多银行已停止外汇交易。8 月 17 日，俄中央银行宣布提高"外汇走廊"的上限，卢布贬值约 50%。俄政府推迟偿债、并加强了对金融市场的控制力度。紧随卢布贬值之后，通货膨胀上升，抢购风起云涌。27 日，受俄罗斯金融危机再次加剧的影响，各国股市出现剧烈反应，东京、伦敦、法兰克福和巴黎等地的股市大幅下挫。一向景气的纽约股市也未能幸免，纳斯达克股指也受重创，全天猛跌 77.27 点。进入 9 月份，俄金融形势继续恶化，汇市继续暴跌，股市萎靡不振，俄政府于 9 月 4 日宣布实行卢布汇率自由浮动政策，由市场自行决定卢布与美元的比价。9 月 24 日，俄罗斯新政府出台了一系列摆脱经济危机的临时措施。10 月份，通货膨胀得到了控制，从 9 月份 38.4% 下降到 10 月份的 4.5%。国际贸易环境好转，外汇储备增加；政治出现难得的平和局面，增税的措施实行较为顺利，财政收入情况好转等等因素，使投资者的信心增加，撤资现象开始缓解。1998 年底，俄罗斯金融危机终于得到了控制。

第四节　俄罗斯金融危机的应对

与俄罗斯金融危机的三个阶段相对应，俄罗斯政府出台了许多应急措施：

一、1998 年 5 月 27 日危机爆发后，为稳住外汇走廊，避免卢布再次剧烈贬值，俄罗斯中央银行当日将银行拆借利率由50% 提高到 150%，同时抵押贷款利率也随之大幅度上升。5 月29 日，政府出台了应对危机的紧急措施，主要包括追缴欠税、削减预算开支以及一系列结构改革方案。并与国际货币基金组织谈判，争取外援。这些措施出台后，俄金融危机出现了缓解现象。6 月 23 日，俄政府趁热打铁，迅速出台了旨在稳定财政经济的纲领和刺激经济增长的措施，提出了增加收入、改革税收、削减国家开支、稳定金融、扶持工业生产、保护投资和实行有针对性的社会福利政策等措施，主要目的是抵御亚洲金融危机对俄罗斯的冲击。在政府出台刺激经济措施的同时，俄罗斯中央银行逐步加强了对金融市场的调控力度。这些措施对缓解危机起到了积极作用，到 6 月底，金融危机得到了初步控制。

二、1998 年 7 月初，俄金融市场再次出现危机，俄政府首先积极谋求外援，从 IMF、世界银行和日本银行处共获得了 187亿美元的贷款承诺，从而迅速稳定了市场情绪。

三、1998 年 8 月 10 日，更为严重的金融动荡向俄罗斯袭来。俄罗斯政府和中央银行采取一系列措施稳定金融市场，包括：提高"外汇走廊"的上限，卢布贬值约 50%；1999 年 12月 31 日前到期的国债券将折合成新的有价证券，在折变结束前，国债市场停止交易；对居民的大额外汇交易实行临时性限制措施，推迟偿还国债等。然而，这些措施适得其反，加剧了金融动荡，尤其是俄政府宣布暂停偿还本国银行欠外国银行到期贷款的决定后，使俄银行信誉大损，大约1600家银行中的多数中小银行被推到了破产的边缘。进入9月份，俄金融形势继续恶化，俄政府于9月4日宣布实行卢布汇率自由浮动政策。9月24日，俄罗斯新政府制定出了一系列摆脱危机的措施：推迟短期国家债券重组工作的结束时间，增加税收，及时发放工资、军饷和退休金，并开始偿还拖欠工资，对生活无保障居民进行补贴等。这些措施实施得当，1998年底俄罗斯金融危机终于得到了控制。

四、1998年9月，卢布实行浮动汇率后，俄罗斯央行加强了监管力度，采取强硬手段，加强对外汇市场的监管，防止资本大量外逃。主要措施包括①：（1）加强对出口外汇收入的管理，提高出口企业外汇收入售汇的比例，从原来的50%提高到75%，出口外汇收入的售汇时间由14天缩短到7天。由海关和银行负责监管，对违反者处以商品价值100—200%的罚款；（2）对指定银行及其客户在国内市场上购买外汇及所获得的外汇的使用进行更严厉的监督。禁止银行接受客户委托购买外汇用于服务贸易的进口；（3）加强短期资本流动的统计跟踪和监督；（4）改革外汇交易制度，保证建立合理的汇率形成机制，防范外汇投机交易等。俄罗斯中央银行的监管对迅速稳定国内

---

① 庄毓敏："俄罗斯经济转轨中的货币自由兑换问题及启示"《国际金融研究》，2002年第11期。

金融形势起到了重要的作用。

第五节　俄罗斯金融危机的原因

一、亚洲金融危机的冲击是引发俄罗斯金融危机的外部原因

亚洲金融危机使世界经济增速放缓，世界能源价格下跌。俄罗斯出口主要以能源为主，1998 年，俄一季度石油、成品油和天然气出口收入便分别锐减 24%、48% 和 15%，严重影响俄罗斯外汇收入。而石油、天然气企业经营收入的急剧下降使投资者对俄经济的发展前景信心不足。此外，俄罗斯对外债务负担沉重，政府长期靠举债弥补财政赤字，因而对世界金融市场依赖程度很高。亚洲金融危机一爆发，投资者的信心发生动摇，俄罗斯金融市场便受到冲击。

二、俄罗斯经济长期萧条，投资者产生了"信任危机"是爆发金融危机的根本原因

首先，外国投资者对俄罗斯经济缺乏足够信心，原因是：（1）俄罗斯经济长期处于萧条状态，自 1991 年前苏联解体以来，危机爆发时俄罗斯国民生产总值下降 50% 以上。国有企业普遍亏损，偷税漏税现象猖獗，国家预算入不敷出，巨额资金不断外流；（2）俄罗斯外汇储备严重不足。危机前俄罗斯中央银行黄金外汇储备不足 150 亿美元，仅相当于外国人持有的国债总额的 3/4；（3）国家债台高筑，内外债务总和已超过 2000

亿美元，财政收入的 1/3 需要用于国债的还本付息，拖欠工资总
额已经增加到 650 亿卢布（合 100 多亿美元）。而世界能源和原料
价格下跌使俄罗斯外汇收入大跌，俄罗斯的偿债能力受到怀疑。

其次，俄罗斯国人对卢布信心不足，居民持有外币资产远
远高于持有的政府债券，国内投资者的信心危机显而易见。

第三，俄罗斯外资结构不合理，使金融市场缺乏稳定性。
由于俄罗斯经济长期萧条、政局不稳，缺乏对外商直接投资的
吸引力。俄吸引的外资大部分集中在投机性较强的短期债券和
股票，一有风吹草动这些资金就会迅速外逃，导致投资者发生
"信心危机"。

三、俄罗斯高度依赖外债为金融危机埋下了祸根

1997 年和 1998 年初期，俄联邦预算缺口分别有 58% 和
96% 是靠外债来填补的。除了直接弥补亏空外，俄罗斯在大型
工业和基础设施方面的资金也主要依靠外债，致使本国经济和
金融政策在一定程度上受制于国际金融机构。所以，当亚洲金
融危机和世界石油价格下跌的"飓风"吹来时，俄罗斯金融市
场即刻发生动荡。

四、作为转型国家，在心理、措施和财力等各方面并没有作好应对危机的准备，是俄罗斯金融恶化的又一个重要原因

首先，宏观政策取向存在重大失误。俄罗斯在转型过程中，
执行的是重金融、轻生产的经济政策。资金来源不是靠发展生
产而是靠发行国债，国债发行额超过全年财政收入，国债收益
率比企业贷款利息高 10 倍多。因而在俄罗斯国内，有限的资金

被大量用来炒作国家债券，投机风气极盛，不仅耽误了经济生产，还扰乱了金融秩序。其次，俄罗斯当局缺乏金融操作经验，特别是在开放的经济条件下的工作经验不足。应付国际金融市场的风云变幻既缺乏心理准备、又没有足够的财力，面对金融危机的爆发，政府显得手足无措，力不从心。

五、俄罗斯政局动荡是金融危机持续的重要原因

由于俄罗斯政局各方长期不和，致使应对危机的措施缺乏连贯性，政局的不稳不仅贻误了解决危机的时机，而且加大了危机的破坏力，严重影响了投资者对俄罗斯金融稳定的信心。

第九章
美国次贷危机

自从 1929—1933 年经济危机后，美国一直远离历次国际金融危机的核心。即使经历了 1987 年 10 月"黑色星期一"的股市崩溃，2000 年的互联网泡沫破裂，美国都借助于宽松货币政策操作、新经济增长点的承接快速转危为安，重领全球经济增长。然而，始发于 2007 年的次贷危机很快引发了全球金融海啸，进而演变为战后最大的金融危机。这场由国际金融核心美国发端的金融危机对全球经济增长格局、国际金融体系都将产生深远影响。

第一节　从次贷危机到国际金融
危机的演变过程

2007 年 2 月，美国抵押贷款风险开始浮出水面，汇丰控股宣布为次级房贷业务增加 18 亿美元坏账拨备。4 月，美国第二大次贷机构新世纪金融公司申请破产保护。此时，美国金融市场已风声鹤唳，而成屋销售开始快速下降。6月，美国第五大投资银行贝尔斯登公司旗下的两只对冲基金传出濒临破产的消息，7月，标准普尔和穆迪两家信用公司分别下调了612种和399种抵押贷款债权的信用等级，揭开了次贷风波向对冲基金和投资银行蔓延的风波，全球金融市场大为震动。8月，贝尔斯登宣布上述两只对冲基金濒临瓦解，申请破产保护，并暂停部分对冲基金的赎回。随后，麦格理银行、法国最大银行巴黎银行、日本瑞穗集团等大型金融机构纷纷宣布旗下基金卷入美国次级债，并采取同样的停止赎回的措施。全球大部分股指下跌，金属原油期货和现货黄金价格大幅跳水，各国央行紧急救市。美联储一天三次向银行注资380亿美元以稳定股市，然而随着沃尔玛和家得宝等数十家公司公布因次级债危机蒙受巨大损失，美股大跌至数月来的低点。美国、欧洲和日本三大央行再度注入超过720亿美元救市。8月16日，全美最大商业抵押贷款公司股价暴跌，面临破产，亚太股市遭遇"9·11"以来最严重下跌，8月17日，美联储降低贴现利率50个基点至5.75%。8月20日，日本央行再向银行系统注资1万亿日元，21日，日本央行再向银行系统注资8000亿日元。澳联储向金融系统注入35.7亿澳元。22日，美联储再向金融系统注资37.5亿美元，欧洲央行追加400亿欧元再融资操作。23日，英央行向商业银行贷出3.14亿英镑应对危机，27日—30日，美联储连续四天分别再向金融系统注资70亿美元、95亿美元、52.5亿美元和100亿美元。8月31日，布什承诺政府将采取一揽子计划挽救次级房贷危机。

此后，次贷危机进一步向次级债券及金融衍生品持有者—

商业银行、投资银行等金融机构蔓延。10 月，美林宣布 07 年第三季度亏损 79 亿美元，此前的一天日本最大的券商野村证券也宣布当季亏损 6.2 亿美元。30 日，欧洲资产规模最大的瑞士银行宣布，因次贷相关资产亏损，第三季度出现近 5 年首次季度亏损达到 8.3 亿瑞郎。11 月美国楼市指标全面恶化，10 月成屋销售连续第八个月下滑，房屋库存增加 1.9%，第三季标普/希勒全美房价指数季率下跌 1.7%，为该指数 21 年历史上的最大单季跌幅。12 月，美国、加拿大、欧洲、英国和瑞士五大央行宣布联手救市。

　　2008 年 1 月，次贷危机逐步深化，4 日，美国银行业协会数据显示，消费者信贷违约现象加剧，逾期还款率升至 2001 年以来最高。统计显示 2007 年 12 月新屋开工数量下降 14.2%，为 16 年最低；22 日，美联储紧急降息 75 个基点；30 日，美联储降息 50 个基点。9 日，七国集团财长和央行行长会议声明指出，次贷危机影响加大。3 月，美联储宣布两项新的增加流动性措施，一是定期招标工具，二是决定开始一系列定期回购交易；11 日，美联储再次联合其它四大央行宣布继续为市场注入流动性，缓解全球货币市场压力，美国官方首次预测经济衰退。17日，美联储意外宣布调低窗口贴现率 25 个基点，到 3.25%；摩根大通同意以 2.4 亿美元左右收购贝尔斯登；19 日，美联储宣布降息 75 个基点，并暗示将继续降息；24 日，美国联邦住房金融委员会允许美国联邦住房贷款银行系统增持超过 1000 亿美元房地美和房利美发行的 MBS；27 日，欧洲货币市场流动性再度告急，英国央行和瑞士央行联袂注资；美联储透过定期证券借贷工具向一级交易商提供了 750 亿美元公债。

4月份，投资银行纷纷预计巨额亏损，并持续裁员。七国集团（G7）和国际货币基金组织（IMF）会议，表达了对当前金融市场震荡的担心之情，并要求加强金融监管。各国政府和央行对局势发展产生不同预期。5月份，市场情况稍有好转，美国财长保尔森表示，美国金融市场正从信贷紧缩中逐渐恢复，信贷危机最糟糕的时期可能已经过去，但市场问题完全解决还需数月，预计美国经济今年晚些时候将加速。

2008年9月，美国财政部宣布向濒临破产的联邦国民抵押协会和联邦住房抵押公司（即"两房"）提供高达2000亿美元的资金，并由联邦住房金融局接管两房的管理。在美联储的介入下，美国银行以5000亿美元的价格收购了五大投资银行之一的美林。然而，9月15日，美国第四大投资银行雷曼兄弟公司陷入严重财务危机并宣布申请破产保护，揭开了战后最严重的国际金融危机的大幕。25日，全美最大的储蓄及贷款银行——华盛顿互惠公司被美国联邦存款保险公司（FDIC）查封、接管，成为美国有史以来倒闭的最大规模银行，29日，美国众议院否决7000亿美元的救市方案，美股急剧下挫，道指暴跌777点，是历来最大的点数跌幅，单日跌幅高达7%，亦是1987年全球股灾以来最大的跌幅。

10月，美国参议院投票通过了总额8500亿美元的救市方案。与此同时，各大央行接连宣布降息，美联储降息50个基点至1.5%，欧洲央行、英国央行、加拿大央行、瑞典央行和瑞士央行也纷纷降息50个基点；澳大利亚联邦储备银行（RBA）将银行基准利率下调1%至6.00%；以色列央行也宣布下调利率50个基点至3.75%；9日，步中国的后尘，韩国、日本、中国香港地区、中国台湾地区和印度尼西亚等有关当局，纷纷采取措施放松了货币政策，向银行注资。由此，次贷危机的影响从对冲基金、投资银行、股票市场、信贷市场逐步向实体经济渗入，并成为自 1929 年金融崩溃以来影响最广泛、最深远的国际金融危机。

第二节　美国金融危机的原因分析

美国房地产市场泡沫破灭，大量次级房贷违约是引发次贷危机的直接原因。然而，住房金融管制放松和资产证券化已为次贷危机埋下了隐患，美国政府放任房贷机构违规、对金融衍生品监管滞后、忽视金融机构高杠杆交易风险及对评级机构的监管真空则使次贷危机的爆发具有一定的必然性。当然，美元独大的国际货币体系导致的全球经济失衡才是最终导致美国金融动荡的深层次原因。

一、美国房地产市场泡沫破裂是引发次贷危机的直接原因

首先，美国宽松的财政货币政策助长了房地产泡沫。2000年下半年，"网络泡沫"破裂使美国经济结束了长达 10 年的经济高速增长期，随后突如其来的"9.11 事件"，严重挫伤了消费者和投资者的信心。为了防止经济衰退，美国急需寻求新的经济增长点，于是采取了极度宽松的财政货币政策。从 2001 年初开始美联储连续 13 次调低利率，到 2003 年 6 月，联邦基金利率降低到 1%，达到过去 46 年（自 1958 年）以来的最低水平，

并将该利率维持了 1 年。宽松的货币政策促使房贷利率不断下降，30 年固定按揭贷款利率从 2000 年底的 8.1% 下降到 2003 年的 5.8%，一年可调息按揭贷款从 2001 年底的 7.0% 下降到 2003 年的 3.80%。在低利率和流动性过剩的市场环境下，美国房地产市场蓬勃发展，房产价格一路攀升，据美国联邦房屋企业监督局统计，从 1997—2006 年，美国房产价格上涨了 85%。房地产市场已成为继互联网之后拉动美国经济增长的主要引擎。

在市场繁荣和房价持续上涨的带动下，居民购房意愿上升，住房金融机构大力扩张住房贷款，并将目光投向次级抵押贷款市场，推动了次级抵押贷款市场的膨胀。2001 年美国次级债总规模占抵押贷款市场总规模的比率仅为 5.6%，2006 年则上升为 20%。在 2006 年新发放的抵押贷款中，次级贷款占 21%。

其次，美国房地产泡沫破裂点燃了次贷危机的导火索。从 2004 年 6 月起，美联储的低利率政策开始逆转，到 2006 年 6 月，经过 17 次调升利率，联邦基金利率从 1% 快速提高到 5.25%。连续升息提高了房屋借贷的成本，开始发挥抑制需求和降温市场的作用，促发了房价下跌。2005 年夏季，美国房地产价格上升势头突然中止，经过 2006 年的调整期后，2007 年房地产价格掉头向下，开始了大幅下跌。由于次级抵押贷款的设计理念是基于房地场价格不断上扬和市场利率保持较低水平的前提假设之上，一旦市场利率上升和房价下跌，其本身蕴含的高风险顷刻爆发。一方面，高利率大大加重了还贷者的负担，另一方面，房价已开始下跌，借款者难以用房产作抵押借新还旧或出售房地产来规避可能的违约。于是，次级抵押贷款违约率大幅上升，点燃了次贷危机的导火索，而以次级抵押贷款为基础资产的次级抵押债券及抵押债务权益（CDO）随后出现大幅缩水，次级抵押贷款风险迅速向持有这些债券的投资者扩散，引发一系列机构投资者受损事件，拉开了美国金融动荡的序幕。

二、住房金融管制放松和资产证券化为次贷危机爆发埋下了隐患

（一）住房金融管制放松为次级贷款的发展创造了法律条件

美国次级抵押贷款大致兴起于上世纪 80 年代，与美国政府对住房金融管制不断放松和鼓励向低收入家庭放贷的政策密切相关。1980 年的《存款机构解除管制与货币控制法案》取消了抵押贷款的利率上限，1982 年的《可选择抵押交易平价法案》允许房贷机构发放浮动利率贷款，1986 年的《税务改革法案》取消了对消费信贷利息的所得税扣减，保留了抵押贷款的利息扣减，鼓励了消费信贷向抵押信贷的转向。上述一系列法案的通过为次级贷款市场的发展提供了良好的法律环境。

（二）资产证券化为次级抵押贷款的快速发展提供了市场基础

美国次贷在 20 世纪 80 年代发展较慢，直到 90 年代，美国抵押贷款支持证券市场的迅速发展才为次级贷款市场的扩张提供了良机。房贷机构为了迅速回笼资金，以便提供更多贷款，可以在投资银行的帮助下实施证券化，将一部分住房抵押贷款债权从自己的资产负债表中剥离出来，以这部分债权为基础发行住房抵押贷款支持证券（MBS）。而次优贷款（Alt-A）和次级贷款则重新打包，成为公开发行的资产支持型的抵押债务权益（CDO）的抵押品。次级贷款经证券化包装成金融投资工具

后，掩盖了其内在的高风险特质，成为没有信贷风险、只有利率差异的结构性金融产品，这一金融创新方式使得不同风险偏好的投资者得以参与，因此使更多的次级贷款得以证券化发行，反过来推动了次级贷款市场的快速膨胀。而证券交易的灵活性和标准化以及更加广泛的投资者则使次级贷款的信用风险由贷款机构转移至对冲基金、投资银行，以及追求更高回报愿承担风险的各类金融机构。

三、监管缺失是导致金融动荡的重要制度因素

（一）房贷机构违规借贷积聚了大量市场风险

由于政府监管缺失，放贷机构为抢占市场份额放松了对次贷的审查标准及程序，采取了许多违规行为：如"零首付"、"零文件"的贷款方式，即借款人可以在没有资金的情况下购房，且仅需申报其收入情况，无需提供任何有关偿还能力的证明。而贷款机构在极力推广这些产品时，有意忽视向借款人说明风险和确认借款人还款能力的环节。2004 年初，美联储已察觉到贷款机构开始放松信贷标准，但其对贷款机构开发并销售可调整利率房贷持鼓励态度。2005 年 5 月，一些经济学家对新增房贷的风险发出警告，直到 2006 年 9 月，金融监管部门才制定了有关监管指引，旨在遏制不负责任的放贷行为，该指引到 2007 年 3 月初才扩展到保护更为脆弱的贷款人。此时，所有风险已经酝酿完毕。

（二）金融机构高杠杆交易加大了金融脆弱性

缺乏有效监管导致金融机构杠杆比率过高，以"两房"为例，截至 2007 年底，这两家公司的核心资本合计 832 亿美

元，但其支撑着 5.2 万亿美元的债务与担保，杠杆比率高达
62.5。与此同时，华尔街五大投资银行的杠杆比率平均为 30
倍，均未受到任何审慎监管机构的监管。高杠杆操作在微观上
加大了金融机构的获利能力，在宏观上扩大了信用规模，促使
信用膨胀，加大了金融风险，一旦市场条件变化或操作失误，
风险即刻显现。首当其冲的表现就是资金链断裂，出现流动性
危机。

（三）对金融衍生品监管滞后放大了次贷风险

低利率和流动性过剩使金融机构加快了创新步伐，这些机
构集中了大量高端人才，运用复杂的模型进行创新。监管当局
面对不断涌现的创新产品，监管手段难以跟上金融创新的步伐，
对其风险水平难以作出准确判断，致使信用衍生品交易基本处
于未受监管的状态。信用衍生品掩盖了次级贷款的风险，随着
信用衍生品交易的不断扩大（根据国际清算银行的统计，2007
年一季度美国仅 CDO 产品就发行了 2500 亿美元，而在 2005 年
全年发行 2490 亿美元），次级贷款风险转移的对象范围和市场
容量大大增加。

次贷危机暴露了美国监管机构在监督华尔街和抵押贷款业
务方面的巨大漏洞，要求对信用违约掉期进行监管的呼声不断
提高，因为此类金融工具被认为是导致目前金融市场危机的元
凶之一。2008 年 9 月 22 日，美国纽约州保险局（New York
Insurance Department）已采取措施对部分信用违约掉期产品
（CDS）实施了监管。但美国财长保尔森指出，可能需要“多
年”时间才能全面改革美国的金融监管制度。

（四）对评级机构的监管真空导致其公信力缺失并引发市场恐慌

虽然信用评级对金融市场影响重大，而且影响公众投资者利益，但美国国会在 2006 年 9 月才正式通过《信贷改革法》（Credit Reform Act，CRA），赋予证券交易委员会（SEC）对评级公司一定的监管权力。证券化产品结构复杂，对于像 CDO 与"合成 CDO"这样极端复杂且价格信息相当不透明的产品，投资者完全依赖其信用评级进行投资决策。而评级机构在这些信用衍生品的评级上存在明显的利益冲突，该市场遵循"用者付费"原则，评级费用由证券发行人支付，这些发行机构不仅向评级公司缴费，而且还向其购买顾问服务，上述问题并未受到任何监管和质疑，致使评级机构主观上降低信用评级标准，将大量信用衍生产品评为 AAA 级，偏高的信用评级导致机构投资者的非理性追捧，最终导致信用风险的累积。当危机爆发后，评级机构又对这些产品进行大规模的降级（甚至连降十多个等级），这种缺乏公信力的行为引发了市场恐慌，使次贷危机进一步恶化。

四、以美元为核心的国际货币体系是导致美国金融动荡的深层次原因

布雷顿森林体系垮台以后，尽管美元地位有所削弱，但美元依然是全球第一大结算货币和储备货币。依托美元的霸权地位，美国负债经济增长方式得以持续。20 世纪 90 年代末以来，美国的经常项目逆差持续大幅增加，全球经济失衡日趋严重。为弥补庞大的经常项目逆差，美国需要吸引大量的资本流入，

而通过各种衍生金融产品包括次级债券、CDO 和 CDS 等成为吸引全球资本持续流入美国的重要工具。另一方面，全球经济失衡加剧使亚洲和石油输出国的外汇储备快速积累，在满足传统安全性和流动性要求的前提下，这些国家必须为高额外汇储备寻求收益相对较高的投资工具，于是大量资金流向高评级的以住房抵押贷款为基础资产的各类债券和结构性金融产品，进一步推高了美国的金融泡沫。

全球经济失衡使美元贬值成为必然趋势，而次贷危机正是美元贬值的实现方式之一。美国如果不调整经济增长方式，增加国内储蓄率，总是依赖美元强势地位，不负责任地任意借贷，则金融危机仍将不断来临，金融全球化将使得危机的破坏力越来越大。为维护全球金融稳定，根本出路是重新调整"美元独大"的货币体系。这次危机过后，美国金融市场和金融体系可能进行更深入的改革和调整，国际金融格局也将发生巨大变化。

第三节　金融危机的应对

从美国次贷危机到全球金融危机的过程看，各国政府对危机的应对经历了四个阶段，第一阶段，观望阶段。在 2007 年 2 月露出端倪到 2007 年 7 月的半年之间，包括美国在内各国一直处于观望状态，并没有采取任何救助措施，部分国家和地区的中央银行甚至依然在继续收紧货币政策。第二阶段，央行救助开始。从 2007 年 8 月开始，金融市场流动性明显紧张，各国央行开始降息和注入流动性。第三阶段，2007 年 12 月危机全面爆发后，各国政府针对住房贷款和金融机构展开救助。第四阶段，自 2008 年 10 月起，各国纷纷出台经济刺激方案，转向宏观经济刺激，以应对经济衰退。在应对这次战后最大的金融危机中，各国采取了大量组合政策，一些非常规政策、反市场政策也纷纷出台。综合各阶段的救助措施，可以大致分为以下几类：

一、快速有力及超常规的货币政策

降息是央行应对金融危机、提升市场信心的传统手段，但本次金融危机中的货币政策与以往有较大区别：

（一）加强国际协作

首先是全球性协作降息。2008 年 10 月 8 日，全球各大央行推出大规模协调举措，一致下调了短期利率水平。美国、欧元区、英国、加拿大、瑞典短期利率下调 0.5 个百分点，瑞士下调 0.25 个百分点。中国央行和澳大利亚央行也分别宣布了减息举措。随后，韩国、中国香港地区和中国台湾地区也下调了利率，巴西央行则下调了活期和定期存款的存款准备金率。这次减息的全球性范围史无前例，同时这轮减息也是 2001 年"9·11"恐怖袭击以来欧美央行首次协力调息。其次，扩大货币互换规模。为防止全球市场美元流动性枯竭，美联储先后与欧元区、瑞士、日本、英国、韩国、新加坡等等 14 国中央银行签订了货币互换协议，互换额度不断扩大，到 2009 年 10 月 13 日，美联储、英国央行、欧洲央行和瑞士央行联合宣布将按固定利率向市场提供任意数量的短期美元融资，有力地稳定了主要金融市场的信心。

（二）降息力度之大前所未有

次贷危机爆发后，美联储曾于 2007 年 9 月开始到 2008 年
10 月底连续 9 次降息，将联邦基金利率从 5.25% 下调至 1%。
2008 年 12 月 6 日，美联储决定建立联邦基金利率目标区，并把
联邦基金利率下调至 0—0.25%。这是有史以来的最低水平，美
联储开始走入零利率时代。英国央行也于 2009 年 3 月将基准利
率降至 0.5%，为英国央行 1694 年成立以来的最低水平。

（三）除传统工具外，采用多种非常规手段提供流动性

各大央行为加快向金融市场注资，除放宽传统的期限和抵
押品的规定和要求，还通过直接购买国债及其他工具，为金融
体系注入无限制流动性。如 2009 年 3 月份，美联储宣布有意购
买 3000 亿美元长期国债，并再次购买 8500 亿美元房地美
（Freddie Mac）和房利美（Fannie Mae）发行的证券。英国央行
也宣布将根据一项规模为 750 亿英镑、占国民总收入 5% 的计
划，创造金钱并购买英国国债。购买对象主要为中长期英国国
债，但也包括企业债券。

二、除市场注资鼓励企业自救外，国有化成为令人瞩目的救助手段

危机初期，央行主要通过注资鼓励企业自救。如美联储在
2008 年 3 月向贝尔斯登提供贴现贷款，7 月对房地美和房利美
提供信贷支持，9 月授权纽约联储向美国国际集团（AIG）提供
850 亿美元的贷款支持。随着危机的深入，为防止系统危机，政
府开始介入对大中型金融机构的救助。最早着手的是英国，
2008 年 2 月 19 日，英国政府决定对北岩银行国有化，这是英国

政府 20 多年来首次将一家大型银行国有化。2008 年 9 月 7 日，美国政府宣布接管房利美和房地美，9 月 16 日宣布接管美国国际集团（AIG）。10 月 14 日，布什总统宣布联邦政府将动用 7000 亿美元救市计划中的 2500 亿美元购买金融机构的优先股，花旗、高盛等 9 家大银行将获得 1250 亿美元注资。这些国有化措施成为本轮救市最突出的特点之一，对金融市场将产生深远的影响。

三、政府直接干预市场，改变部分市场规则

为防止金融市场连环震荡，美国及部分国家政府直接出手，改变市场规则。2008 年 9 月，美国证监会发布紧急命令，暂时禁止对 799 家金融机构的股票做空。瑞士、德国、法国、爱尔兰、韩国等随后也采取了类似行动。另外，美联储迅速把高盛和摩根斯坦利由投资银行转为商业银行。再者，欧盟和美国还暂停按公允价值入账的会计原则，避免金融危机期间放大金融机构的亏损。这些举措都改变了市场运行规则。

四、运用积极财政政策实施大规模的经济刺激计划

随着金融危机逐渐向实体经济蔓延，各国纷纷出台规模庞大的经济刺激计划，以遏制经济步入衰退。如美国出台 7000 亿美元的经济刺激方案，中国出台 4 万亿元人民币经济刺激计划。其他如英国提出价值 200 亿英镑的财政刺激计划，法国宣布 260 亿欧元的经济振兴计划等。这些刺激计划包括直接刺激消费、产业振兴、中小企业贷款支持、公共基础设施建设和城市更新改造等。

五、国际组织也积极参与了救助

自金融危机爆发以来，面临破产风险的国家不断增加。冰岛首先成为受危机冲击最大的国家，2008年10月，冰岛金融体系几近崩溃，整个国家面临破产危机。随后，巴基斯坦、乌克兰、哈萨克斯坦、阿根廷等都濒临破产边缘。对此，IMF积极施以援手，向各国政府提供的贷款总额超过400亿美元。其中，乌克兰获得了165亿美元，匈牙利157亿美元，冰岛21亿美元，巴基斯坦76亿美元。为了补充IMF用以向成员国提供支持的贷款资源，2009年4月，IMF首次通过发行债券的方式进行了5000亿美元的增资，中国人民银行购买了320亿特别提款权（约合500亿美元）的国际货币基金组织债券。

第四节 金融危机的影响[①]

尽管2009年全球经济呈现V型复苏，但随着2010年以来主权债务问题逐渐浮出水面，世界经济的长期趋势并不明朗。始发于2007年的金融危机，对世界经济、国际金融体系及全球治理都带来了深远的影响：

一、严重损害实体经济，尤其是发达国家经济陷入严重衰退

全球经济增长从2007年的5.2%下降为2008年的3%，

[①] 本文分析截至2010年3月份。

2009 年则为 –1.1%（参见图 9–1）。发达国家经济增长率下降
最为明显，2007 年为 2.7%，2008 年和 2009 年分别为 0.6% 和
–3.4%，发展中国家下降幅度也很大，从 2007 年的 8.3% 降为
2008 年和 2009 年的 6% 和 1.7%。发达国家中，美国、欧盟和
日本 2009 年经济增长率分别为 –2.4%、–5.0% 和 –4.1%。中
国率先实现复苏，实际 GDP 增长率自 2008 年第三季度开始下
降，2009 年第一季度到达谷底，然后开始回升，第三季度 GDP
增长率同比达到 8.9%，2009 年全年同比增长 8.3%。

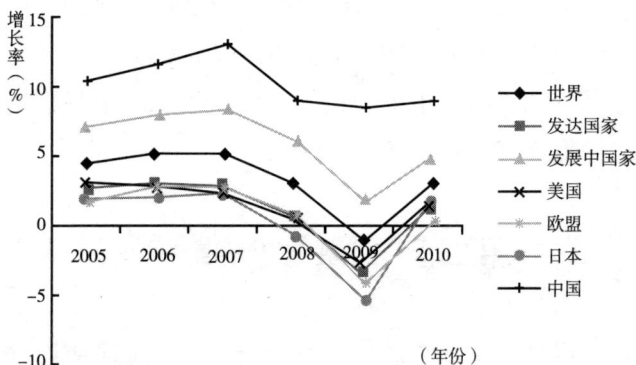

图 9–1　全球经济及主要国家经济实际 GDP 增长情况

资料来源：国际货币基金组织《世界经济展望》，2009 年 10 月。

（二）全球贸易大幅下跌，贸易保护主义有所抬头，中国成为最大的受害者

2008 年全球贸易增长率仅为 3%（参见图 9–2），2009 年
大幅下降为 –11.9%，预计 2010 年全球经济缓慢恢复至 2.5%。

随着国际市场需求的萎缩，贸易保护主义开始抬头。作为

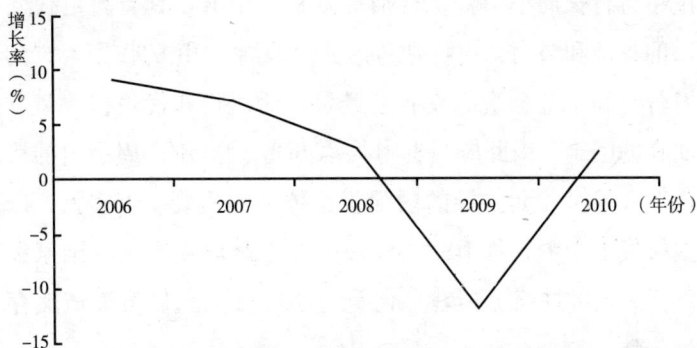

图9-2　世界贸易（包括货物贸易和服务贸易）的增长率

资料来源：IMF《世界经济展望》，2009年10月。

第一大贸易出口国（2009年）的中国，成为贸易保护主义的最大受害者。以反倾销为例，据统计，2007、2008和2009年第三季度，涉及中国产品的反倾销案分别为59起、72起和57起，占全球反倾销案总数的81.9%、71.3%和71.2%。发展中国家，特别是一些新兴市场国家逐渐成为对中国产品发起反倾销的主力军。如何应对贸易保护主义成为中国面临的长期课题。

三、全球金融市场受到重创，现行国际金融秩序遭到多方质疑

资本市场大幅震荡，全球股指快速下滑（参见图9-3）。始发于美国的国际金融危机暴露了国际金融体系的脆弱性，人们对银行的贪婪、衍生产品交易的不透明、投资银行和对冲基金的高杠杆运作，尤其是监管不力进行反思和批评的同时，也把目光投向了现行国际金融秩序的缺陷。2009年3月23日中国

人民银行行长周小川称，特别提款权（SDR）具有超主权储备货币的特征和潜力，应特别考虑充分发挥 SDR 的作用。它的扩大发行有利于基金组织克服在经费、话语权和代表权改革方面所面临的困难，因此应当着力推动 SDR 的分配。周小川的署名文章揭开了对美元主导的国际货币体系的质疑。事实上，以国家主权货币为主导货币的国际金融体系难以克服主权国家和全球责任之间的冲突，但在如何重建国际金融秩序方面依然存在大量分歧。

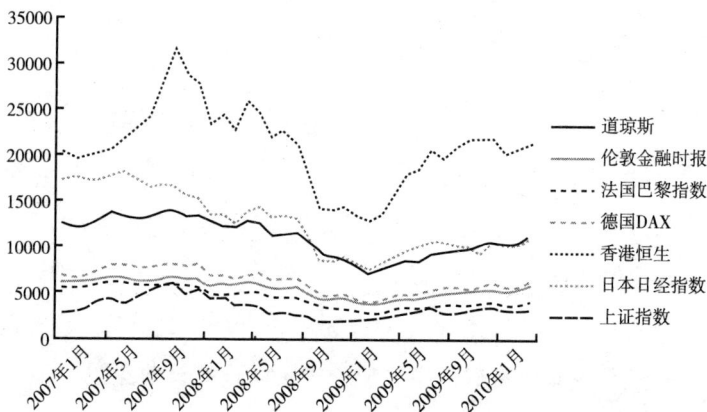

图 9 - 3　2007 年 1 月—2010 年 3 月全球主要金融市场情况

注：上述情况仅反映各指数变动趋势情况，指数价格之间没有可比性

资料来源：雅虎财经。

四、全球流动性过剩带来长期通货膨胀压力，部分国家出现国家主权债务问题

为应对金融危机，各国央行向金融体系注入大量流动

性，政府亦通过积极财政政策刺激经济复苏。一方面，流动性过剩带来通货膨胀压力，另一方面，政府财政赤字的增加导致全球主权信用风险凸起。2009 年 11 月 25 日阿联酋迪拜酋长国宣布最大国企"迪拜世界"590 亿美元债务延迟偿付，揭开了自冰岛以来新一轮主权债务危机的序幕。12 月，全球三大评级公司下调希腊主权评级，希腊主权债务危机爆发，并呈现逐步向爱尔兰、葡萄牙和西班牙扩散的势头。如果不能及时得到有效救助，欧元区成员国的债务危机可能像多米诺骨牌一般接连爆发①。从中长期看，由于各国政府在应对金融危机中进行了大量救助，致使财政赤字规模迅速扩大。从 2010 年政府预算赤字的预测情况看，法国将占 GDP 的 8.2%，德国将占 GDP 的 5.5%，欧元区总体赤字可能会超过 GDP 的 7%，美国联邦政府 2010 财年赤字将达 1.6 万亿美元，占 GDP 的 10.6%，也是自二战以来的最高比例。不仅带来通货膨胀隐患，也带来了全球性财政赤字引发债务危机的风险。

五、全球治理面临诸多挑战，新形势下中国改革和开放面临诸多挑战和机遇

这次金融危机在突出了全球协调外，也突出了中国的作用。尽管中国没有处于金融风暴的核心，但危机后国际经济形势的变化却对中国未来发展提出诸多挑战。从国内看，如何转变发展方式，扩大内需，减少经济增长中对外需的依赖

———————

①　目前（2010 年 4 月），对希腊的救助正在积极进行中。

程度，如何推进资本账户开放，如何完善人民币汇率形成机制，如何稳步推进人民币区域化国际化等；从国际看，随着中国国力增强，在全球治理问题上中国应该如何定位，如在多边贸易组织中如何发挥作用等，上述问题都是涉及中国未来发展的长期战略问题，需要我们进行大量的理论探讨和改革实践。

第十章
国际货币体系的
发展历程及现状综述

本章在已有研究成果的基础上，从五个方面，对现行国际货币体系的发展历程、国际背景、特点、缺陷及与全球收支不平衡的关系进行了综述。

第一节　国际货币体系的发展历程

国家之间的贸易、投资和金融交易交往必然涉及不同货币的汇兑、支付、清偿和清算，也因此必然会产生汇率、外汇（国际）收支平衡问题，尤其是以何种货币来进行债务及其清偿以及经济金融交往的清算往往涉及到国际货币的制度安排，因此而形成自然的或制度安排的国际货币体系。国际货币体系一般包括以下内容：（1）国际交往中使用什么货币来进行计价、清算和债务清偿等；（2）各种货币间的汇率安排；（3）各国如何保障和调整国际收支不平衡。从历史沿革看，国际货币体系大致经历四个阶段：

一、金本位下的国际货币体系（1870—1914 年）

主要特征：（1）黄金在国际交往中充当世界货币，本币可以自由兑换黄金，各国央行持有的国际储备资产主要是黄金；（2）两国货币的兑换比率（汇率）以两国货币含金量之比（通称铸币平价，即本币与黄金的兑换比率）为基准；（3）外汇（国际）收支具有自动调节的机制。金本位时期，国际货币体系相对稳定和有效，为自由竞争时代的资本主义经济繁荣创造了良好的货币环境。

二、金汇兑本位下的国际货币体系（1915—1944 年）

1914 年前后，由于经济发展不平衡，加上黄金产量的严重制约，各国相继放弃了金本位制。国际货币体系进入金汇兑本位时期。主要特征：（1）各国维持一种不完全的金平价，本币不能自由兑换成黄金，而是通过兑换外汇间接与黄金联系；（2）汇率实行固定汇率制度，即与某一特定国货币挂钩，各国国际储备资产除黄金外，还有大量外汇；（3）国际收支具有不对称的特点。像美国、英国等由于拥有大量黄金储备，其货币为各国信任而成为储备货币。由于这类提供国际储备资产的国家可以无限创造本币来进行国际支付和债务的清偿，因此，即使这类国家外汇收支是逆差，且无须紧张对待这种不平衡，而其他国家由于黄金储备少，生产量小，则力求收支顺差以获取美元、英镑等外汇储备资产，因此十分注意调节外汇收支状况。这一阶段的 30 年中，汇率急剧变动，许多国家的国际收支出现严重失衡，为了缓解国内失业和国际收支失衡，各国货币当局纷纷实行外汇管制和竞争性货币贬值，造成国际货币秩序极度混乱。

三、以美元为中心的国际货币体系——布雷顿森林体系 (1945—1975 年)

为重建国际货币秩序，在第二次世界大战结束前，以英美等国为首的国际社会通过多边协定方式建立了布雷顿森林体系。主要内容：（1）以美元为中心，美元与黄金挂钩，其他各国货币与美元挂钩，其重要原因在于美国拥有当时世界 75% 的黄金储备；（2）设计了维持固定汇率制度的安排，成员国的汇率只能在规定的限度内波动，只有一国收支"根本不平衡"时，才允许货币贬值或升值；（3）设立国际货币基金组织（IMF），协调国际货币合作关系，为调节外汇收支提供资金融通。

在最初的近 20 年里，该体系运行比较顺利，有效地促进了世界经济的重建、发展和繁荣。在这一制度下，维持外部平衡主要是通过牺牲内部平衡来实现。各国考虑到政治及经济代价，以及货币之间的依赖性，都把汇率调整作为迫不得已的最后调节手段。例如，1964 年英国在面临严重国际收支逆差的情况下，采取的是内部调节手段，即紧缩政策。但是，布雷顿森林体系存在先天不足，即"特里芬难题"。20 世纪 60 年代，美国国际金融专家特里芬提出：以一国货币，例如美元，作为主要国际储备资产，具有不可克服的矛盾。国际清偿力的增加要靠美国外汇收支逆差和不断输出美元来维持，而美元外汇收支逆差不断增加，会危及美元的可兑换性（兑换黄金）和美元的信用；反之，如果美元保持外汇收支平衡以稳定美元，则会导致国际清偿力不足。特里芬预言，基于这种矛盾，以美元为中心的布雷顿森林体系最终要归于崩溃。果然，由于对越南战争造成巨大赤字以及国际收支逆差不断扩大，美国无法维持美元与黄金的可兑换性，1971 年 8 月 15 日尼克松政府宣布停止向各国政府以 1 盎司黄金自由兑换 35 美元后，各国货币纷纷浮动，布雷顿森林体系趋于崩溃。国际货币体系进入"牙买加体系"时代。

四、牙买加体系（1976 年至今）

布雷顿森林体系崩溃后，IMF 于 1972 年 7 月成立一个专门委员会，具体研究国际货币制度的改革问题，由 11 个主要工业国家和 9 个发展中国家共同组成，委员会于 1974 年的 6 月提出一份"国际货币体系改革纲要"，对黄金、汇率、储备资产、国际收支的调节等问题提出了一些原则性建议，为以后的货币改革奠定了基础。1976 年 1 月在牙买加举行会议，讨论国际货币基金协定的条款，经过激烈争论，签订了著名的"牙买加协定"，主要内容是：增加 IMF 成员国的基金份额；成员国可暂时自行决定汇率制度；废除黄金官价，使特别提款权逐步替代黄金作为主要储备资产；扩大对发展中国家的资金融通。自此，国际货币体系进入"牙买加体系"时代，也称为后布雷顿森林体系时代。主要特征：（1）国际货币以美元为主，欧元（之前为马克）、日元为辅；（2）浮动汇率为主导、多种汇率制度并存；（3）国际货币关系的协调主要通过国际货币基金组织和发达国家首脑会议来完成，各国外汇收支的调节越来越多地通过国际市场来完成；（4）金融体系的监管除了 IMF 外，还有一些松散的国际组织承担监管责任。如国际清算银行（BIS）、巴塞尔银行监管委员会（BCBS）等等。

第二节 现行货币体系产生的国际背景

布雷顿森林体系瓦解后，国际金融市场出现严重动荡，使发达国家中政府全面管制金融的格局受到巨大冲击，20 世纪 70 年代初，美国率先改革，拉开了金融自由化的序幕，20 世纪 80 年代以来，在信息技术和经济全球化的推动下，金融全球化在发达国家中快速展开。90 年代后，发展中国家积极加入到金融自由化进程中，国际金融联系日益紧密。金融自由化加快了资本流动，使资本流动的速度超过了贸易增长的速度，贸易增长的速度又超过了生产增长的速度。各国国际收支的调整越来越脱离贸易的基本要求，与此同时，金融工具日新月异，金融资产迅速膨胀，私人资本流动成为影响汇率平价的重要因素。随着国际金融市场越来越膨胀和复杂，国际金融风险随之加大。

国际货币体系进入"牙买加体系"后，国际货币基金组织并未对国际收支调节机制做出明确的规定，也无相应的制裁措施。在实际运作过程中，往往出现一种矛盾：即国际货币基金组织要求各国将保持汇率的稳定作为首要原则，而各国政府却将国内的宏观经济目标放在首位，各国都采取一些不利于全球国际收支平衡的经济政策，从而使整个国际货币体系无法形成一个有效的国际收支调节机制。面对这种局面，国际货币基金组织由于没有明文规定而无章可循，它既不能强迫收支顺差国承担调节责任，同时又无良策帮助收支逆差国解决问题。特别是一些发达国家，为了实现本国的经济目标，很少考虑别国的利益，经常将本国的国际收支处于失衡状态，致使本币汇率偏离均衡汇率而剧烈波动，严重影响了国际货币体系的稳定。尤其是美国、欧盟和日本至今没有任何有效的宏观政策协调机制来协调财政货币政策和汇率政策，使国际货币体系始终处于动荡之中，非国际货币国家的汇率政策无所适从，通过积累大量的外汇储备尤其是美元储备防范外部金融风险成为非国际货币国家的无奈选择。

而美元霸权的历史继承，使美国依然掌握金融控制权，并借此形成对国际经济金融乃至军事和政治的支配权。随着欧洲经济的强大和内部经济一体化的进程，作为维持区域内经济持续稳定发展的金融合作提上日程，最终统一货币欧元的问世就是试图摆脱美元霸权、寻求区域货币体系稳定的结果。而亚洲金融危机后，亚洲国家深受货币危机的损害，寻求货币合作的努力和积极性大大提高，但其区域货币合作仍处于起步阶段，继续拓展和深化区域内以及与其他区域的金融合作将是亚洲地区的长期努力方向。

第三节　现行国际货币体系的特点

现行国际货币体系可以说处于"非制度体系"时期。所谓非制度体系的国际货币体系主要从两个层面看：第一层面是指目前的国际货币体系不存在"超国家"的制度因素。在金本位和金汇兑本位时期，黄金在不同程度上以其内在价值调节了国际金融关系，保证了国际金融和国内金融的统一，扮演了"超国家"制度因素的角色。布雷顿森林体系时期，美国在一定程度上替代各国央行行使了维持国际货币之间稳定的职责。布雷顿森林体系瓦解之后，"超国家"的制度色彩基本消失，国际货币体系转化为以美元、欧元和日元三大国际货币为核心、各国对外货币政策和法规的集合；另一层面"非制度体系"是指各国的对外货币政策逐步转向自由放任，取消各种限制性制度，允许货币逐步走向自由流动和货币价格的自由浮动，国际货币基金组织的监管呈现出不适应性和滞后性，国际货币体系处于无序和动荡状态。

现行国际货币体系的特征主要表现在五个方面：

一、国际货币主要由美元、欧元和日元担当，但美元霸权依然存在

在牙买加体系下，依仗美国雄厚的经济实力，美元的霸主地位仍得以保留，美元仍是主要的国际计价单位和支付、清算与储备手段。国际金融资产尤其是世界主要国家政府持有的外汇储备中，仍然以美元资产为主，美国或美元金融市场也为世界各国的融资和金融交易提供了多方面的便利，其他货币与美元比较起来还相对弱一些。世界银行和国际货币基金这两个布雷顿森林体系的产物，仍在稳定国际金融秩序、促进国际经济和货币合作方面发挥重要作用，而它们也主要由美国控制和支配。

二、在国际货币制度方面，以浮动汇率为主、多种汇率制度并存的汇率制度基本形成，各国汇率和国际收支乃至债务发生波动或动荡往往与三大货币及其汇率波动关系密切

曾经作为国际货币体系核心的汇率决定和变动，在浮动汇率制度下已经由国际金融市场来完成，其中私人资本流动尤其是短期资本和投机资本的流动已成为汇率决定和变动的一个关键因素，并容易引发非储备货币国家的货币危机。另一方面，国际货币基金组织的主要职责之一为成员国调节国际收支，也越来越多地由国际金融市场来完成，非储备货币国家在国际金融活动中缺乏控制权和决定性的话语权。

三、谋取国际货币地位利益的竞争越来越激烈

欧盟在 1999 年推出统一货币欧元，极大地改变了国际货币竞争格局。从目前的情况看，欧元已经站稳脚跟，在国际货币体系中的地位也日益上升，并成为美元霸主地位最有可能的挑战者。为了应付来自欧元的挑战，美国加强北美自由贸易区的实力，强化美元在亚洲、拉美和大洋洲的主导货币作用，并加强同非洲等地的经贸关系，加强美元的经济基础。同时积极采取措施，推动其他国家的"美元化"，以此来巩固美国的国际货币地位。

日本政府从 20 世纪 80 年代中期就开始推行日元国际化政策，但其货币地位因国内经济的长期低迷和日元汇率的长期大幅度波动和金融不稳定受到不利影响。亚洲金融危机后，日本抓住机会，积极主张亚洲货币合作，借此推进日元的国际化，但收效不大。

四、国际储备资产多元化

尽管美元资产在国际储备资产中的地位有所下降，但美元仍是最重要的国际储备资产，大约占全球外汇储备的 70%；其

次是欧元，目前欧元在全球外汇储备中约占20%，再次是日元，黄金的作用并没有消失，仍然是重要的储备资产之一，但20世纪90年代后其重要性在逐渐下降，同时下降的还有特别提款权。这种储备资产结构具有潜在的不稳定性，因为软通货和硬通货经常发生变化，外汇储备随之调整，从而造成外汇市场的动荡。

五、区域货币安排重新兴起

欧元的出现为其他地区货币合作产生了极大的带动和示范效应，东亚货币合作取得较快进展，目前已经在一些领域取得实质性的进展，其中最重要的合作，一是清迈协议（CMI）和货币互换机制的运行；二是各层次的政策对话机制的建立；三是亚洲债券基金（ABF）的设立。此外，除了欧洲联盟之外，一些特定区域的国家也成立了不少区域性货币组织。比较成型的有西非货币联盟、中非货币联盟、阿拉伯货币基金组织和安第斯储备基金组织等等，和欧元区相比，这些货币集团尚处于一体化程度较低阶段，再加上这些区域本身经济规模和实力有限，因而对于国际金融体系的影响有限。

第四节　国际货币体系的缺陷

虽然现行的国际货币体系比布雷顿森林体系有更强的适应性，但依然存在较大的不稳定性，国际金融危机和国际货币市场的动荡仍无法消除。20世纪80年代的拉美危机、90年代的英镑危机、墨西哥金融危机、亚洲金融危机、巴西、俄罗斯金融动荡，以及 2002 年阿根廷金融危机，都是明显的例证，显示出当前国际货币体系存在重大缺陷，已难以适应世界经济发展的需要。主要表现在以下几个方面：

一、现行国际货币体系的汇率制度安排加大了国际金融风险

现行国际货币体系实行浮动汇率为主的混合汇率体系。国际货币国家制定货币政策时主要受国内经济和政治的影响，很少考虑其作为主要国际储备货币获取大量铸币税的同时还应对国际金融市场的稳定承担义务，因此，主要国际货币间的汇率受发达国家政策左右，汇率变动频繁，导致外汇行市不稳和国际金融市场的动荡。不仅刺激了短期国际投机资本的大规模流动，也给发展中国家汇率制度的选择带来极大的困难。现阶段，发展中国家尤其是小国经济开放体的汇率制度选择已陷入浮动汇率波动太大、固定汇率制又太脆弱的尴尬局面。

二、国际货币基金组织职能难以适应全球经济发展的需求

国际货币基金组织作为国际货币体系的载体之一，一直将主要目标放在货币自由兑换和资本项目自由化上，对抑制金融危机、防范国际金融动荡等问题未能给予应有的重视。历次国际金融危机表明，当前的国际金融体系急需行之有效的"预警"机制、对大规模短期资本的监督和约束机制以及缓解危机的国际最终贷款者。目前看，IMF 无论是资源上还是职能准备上都显得力不从心，日趋一体化的国际金融市场缺乏与之匹配的一体化的国际协调和监管。

三、国际货币基金组织的运行机制急需调整

首先，基金组织自成立以来，资金规模虽然扩充过几次，但其占全球产出的比例明显减少（目前该比例是其成立之初时比例的三分之一），占全球金融市场规模的比例缩减得更为显著。随着全球金融市场规模不断扩大，金融危机带来的破坏性和影响也不断增加，IMF 的资金总量却缺乏应对这一变化的机制；其次，IMF 的决策机制不能合理反映大多数成员的利益。由于 IMF 的基金份额分配与世界经济格局的变迁不一致，新兴国家或发展中国家在 IMF 中的基金份额和投票权与其经济实力的不断增强严重脱节。不利于反映各成员国的意见，也会损害国际合作的有效性。

四、国际货币体系的局限性难以适应金融自由化的发展

金融自由化带来巨额资本流动，虽然贸易自由化是吸引国际资金流入的有效方式，但金融自由化使吸引国际资金流入更加便捷。然而，20 世纪 80 年代以来，随着金融全球化兴起和信息技术进步，金融工具日新月异，金融资产迅速膨胀，国际资本日益显示出"游资"特性。国际清算银行（BIS）2004 年 10 月发布的报告显示，自亚洲金融危机以来，全球外汇市场日交易量从 1.5 万亿美元升至 1.9 万亿美元，其中 90% 在从事国际金融投机，这些资本流动性强，流动量大，成为国际货币动荡的重要因素。但当前的货币体系难以对游资做出界定，并施加约束。此外，国际金融市场资金的大量供给为资金借贷提供了便利性，很多发展中国家纷纷进入国际市场融资，由于金融市

场动荡不宁，利率、汇率大幅波动使很多发展中国家债台高筑。一旦陷入债务陷阱，将很难积累国内建设资金，经济能力提高无从谈起，永远为债权国打工。在现行国际金融体制是发达国家主导的体制，游戏规则由发达国家制定的情况下，发展中国家的债务解决缺乏公正合理的渠道。目前，发展中国家的债务问题虽有所缓解，但许多发展中国家，特别是某些拉丁美洲国家的债务问题并未得到根本解决。在一定条件下，巴西、阿根廷金融危机还可能重演。债务拖欠已成为威胁国际金融市场稳定的一个重大隐患。

第五节　国际货币体系与全球收支不平衡

当前，全球国际收支不平衡成为全球经济发展失衡的重要表象。国际收支不平衡表现在两个方面：一是全球外汇储备结构不均衡，70%的储备资产是美元（世界银行），高比例的美元储备很难在国际市场上对冲风险，二是美元储备分布不均衡，全球美元储备大多集中在亚洲央行手中。在这一形势下，美元不稳定将引发全球金融动荡，亚洲地区国家又成为较脆弱的一个环节。美元储备过于集中，使全球资源配置不均衡，各国的高储备，使大量资金不能进入国内生产性的投资和消费，不能提供建设的资金支持，造成巨大的浪费。

国际收支不平衡与现行国际货币体系密切相关。布雷顿森林体系崩溃以后，美元等纸币成为国际货币，它们不仅具有黄金的功能（储备货币），还具有世界纸币的作用（可以在世界发行、流通、结算、清偿、信用扩张等），并因此而产生新的信用和信誉，而其他货币则不具备这样的功能，其货币信用和信誉相对较弱。美元作为全球第一位储备货币，必然拥有大量自发持有者。美国具有庞大而开放的信用市场、强大而多元经营的金融机构、以及强大影响力的央行。欧洲和日本的金融框架在深度和广度上都不及美国，其央行也缺乏全球影响力。再加上美国强大的经济实力，在可预见的将来，即使美国有非常庞大的预算赤字和经常账户赤字，但就美元作为关键储备货币的地位而言，确实没有其他货币能够取而代之。倚仗美元在国际货币中的霸权地位，美国毫无顾忌地大肆借债、大举消费，造成庞大的贸易逆差和财政赤字。亚洲国家央行大量储备美元，一方面由亚洲国家和美国的贸易结构所决定，另一方面，亚洲国家（包括日本）金融体系较脆弱，高额的外汇储备基于以下几个方面的考虑：为资本流动的突然逆转提供保障；提高汇率管理能力，增强国家信用，吸引外部资金流入；对有些国家而言，为了减轻对固定汇率的升值压力，以维持国际贸易的竞争力。

但是，目前国际收支不平衡的状况是不可持续的。对美国来说，美国的双赤字很难持续。自 2000 年起美国经济已变得十分依赖海外的资金流入，据估计，美国每天大约需要吸收 18 亿美元，才能填补赤字。根据劳森原理（LAWSON DOCTRINE），如果赤字反映的是高水平的生产性投资而不完全是低储蓄水平，那么它就不成问题。从美国赤字融资的现状看，生产性资金的流入显然不是主流[1]。美国的赤字融资主要是由债券和存款提供

---

① 2003 年底，美国的外债总额 10.5 亿美元，其中只有38％是直接投资或企业股份资产。

资金，并且最大的投资者是外国央行①。这种资金流入状况存在的不确定因素较多，一旦发生逆转，美元的稳定性就难以持续。与此同时，美国的国外负债还在快速增长，但任何国家都不可能永远负债。1985 年初，美国经常项目赤字达到 1200 亿美元的时候（按现行价格计算大约是今天的 1/3，占 GDP 的比重为 3.5%），世界其他国家停止了对它的借贷，结果导致美元迅速贬值，其贸易加权汇率随后下跌了 40%。对美贸易最大的顺差国日本则在《广场协议》的压力下，使日元大幅升值，从 1985 年高点至 1987 年低点，美元兑日元下跌了 54%，从 1985 年高点到 1995 年创出二战后低点，该汇率下跌了 70%。美国加州大学伯克利分校经济学家 Maurice Obstfeld 和哈佛大学的 Kenneth Rogoff 的研究显示②，经调整以反映美国和其他国家贸易状况后，美元必须再下跌 20% 至 40%，美国的经常账户赤字才可能下降到可持续的水平。目前，大部分经济学家认为，美元贬值可以削减美国的经常账户赤字，促进全球经济平衡，使全球经济朝向可持续发展的方向行进。

对于亚洲国家和地区来说，其高额的美元储备也是不可持续的。过多的储备积累是有成本的，包括与中央银行的冲销干预措施有关的准财政成本、为抵消储备增加所带来的货币扩张的影响以及美元储备资产潜在的资本损失。其中，准财政负担体现为外汇储备资产赚取的收益和中央银行为抵消货币扩张而

---

① 2003 年底，美国外债总额为 10.515 万亿美元，在所有这些外债中，只有 38% 是直接投资或企业股份资产。

② 《亚洲华尔街日报》，2004 年 12 月 23 日。

发行的国内债券所必须支付的成本之间的差额。这一负担可能很大，在通常的市场条件下两方面收益率的差别能高达6%—8%，而每一个百分点将使中央银行为每100亿美元的储备每年额外花费1亿美元①。此外，在国内金融市场尚不发达的国家，中央银行进行冲销市场操作的能力受到体制性的限制。印度在进行冲销操作时缺少可利用的金融工具，韩国已经突破了它能够发行债券数量的上限，中国的国有银行进一步以低于市场的收益率购买债券的能力也达到了极限。可见，巨大的贸易赤字和相应"余额"分别高度集中在美国和亚洲地区国家的国际收支不平衡是难以持续的，成为影响国际金融稳定和经济持续发展的最大隐患。2008年美国次贷危机的爆发，表明调整过程已经开始。

---

① 《2005年全球发展金融》，世界银行。

第十一章

人民币资本项目可兑换的
路径及制度建设

第一节　基本概念和相关理论

一、概念

资本项目可兑换就是指资本和金融账户的完全开放，即取消对跨境资本交易的控制、征税和补贴①，实现资本账户自由化。从实际操作看，资本项目可兑换包含两个层次：一是对跨境资本在交易环节的放开，二是对跨境资本在汇兑环节的放开，这两个环节无论在范围还是在时序上并不是一一对应的。作为跨境资本管理的核心手段，这两个环节经常是分阶段进行的。资本项目可兑换不等同于货币完全可兑换，资本项目可兑换一

---

① 该定义参考了 IMF 专家 Quirk&Evans（1995）关于资本项目开放的表述。

般仍然保留货币当局对所涉及交易的真实性审核，货币完全可兑换则不存在任何审核。人民币实现资本项目可兑换乃至最终实现人民币完全可兑换是我国外汇管理的最终目标。

与资本项目可兑换相对应的是资本账户管制。从世界各国对资本账户的管理看，即使已实现资本项目可兑换的国家，依然对一些跨境资本交易实现不同程度的管制，如美国就禁止非居民购买限制行业（核能、海洋、通讯和空运等）的股票，对威胁国家安全的外商直接投资进行限制，涉及银行所有权的投资受到联邦政府和国家银行法规的约束，禁止居民与其认定的"恐怖主义"国家进行交易等等。可见，资本账户完全放开是相对的，只要除少数例外的情况，基本实现资本跨境自由流动即可视为实现了资本项目可兑换。

国际组织对资本账户开放的政策倾向并没有一致性。国际货币基金组织（IMF）的政策重点是促进成员国经常项目可兑换，对于各国的资本项目管制一直持容忍和支持态度。而以发达国家为成员国的经济合作与发展组织（OECD）则是全球资本流动自由化的积极倡导者，并有一个具有法律约束力的《资本流动自由化通则》，明确要求各成员国逐步取消对资本流动的限制。世界贸易组织（WTO）在其对服务贸易的管辖范围内，对相关资本流动提出一些要求。目前看，《服务贸易总协定》是唯一涉及资本账户开放的具有全球意义的多边协定，将在一定程度上推动成员国的资本账户开放。

二、资本项目可兑换的利益

理论上讲，资本项目可兑换能够分享金融全球化的利益，促进经济增长，提高资源配置效率，对国内金融体系的完善和发展产生积极影响。石井祥悟和卡尔·哈伯迈尔等（2002）[1] 对此进行了全面总结，他们指出，如果一国的资本账户自由化进程能遵循合理的实施步骤，并且在宏观经济状况良好的情况下进行，该国就会从资本账户自由化过程中获取如下收益：

1. 促进经济增长。资本账户开放使国外储蓄资金获得更大的市场准入，如果这些资金得到合理的管理，就会产生更大的投资和更高的经济增长率。世界银行（1997）对 20 世纪 80 年代末和 90 年代初私人资本流入较多的 18 个国家实证研究表明，其每增加 1 美元的外国非直接投资资本流入，就伴随 0.60 美元的追加投资，对国民经济增长的作用不可小视[2]。

2. 增强金融体系效率与承受力。资本自由流动会通过加强竞争和扩充金融市场深度来提高金融体系的效率，从而促进金融市场的发展。金融服务供给具有规模经济效应，单一国家可以通过从他国进口金融服务来提高效率。

3. 促进改革，提升竞争力。当投资者的活动不再囿于单一国家时，他们跨越国界调动资金的能力有利于集团公司或金融机构的风险管理更为合理化，乃至引发更为广泛的改革，有利于提升国际竞争力。

4. 分散风险。资本账户放开允许投资者的资产选择更加多样化，居民通过在国际范围内对其证券资产进行分散组合，可

---

① 国际货币基金组织：《资本账户自由化和金融部门稳定》，中国金融出版社，2006 年 4 月版。

② 刘仁伍等：《国际短期资本流动监管理论与实证》，社会科学文献出版社，2008 年 6 月版，第 17 页。

以减轻来自国内金融或实体部门的冲击和影响，尽可能保证收入和财富的稳定性，从而有利于减少国家的国别风险。

5. 降低资源浪费与减少腐败。资本账户放开可以减少花费在行政管理和逃避资本管制的资源，并且可以减少资本管制权力滋生的腐败。

此外，普拉萨德等（2004 年）在《金融全球化对发展中国家的影响：实证研究结果》① 中对理论上资本自由流动促进发展中国家经济增长的渠道进行了总结，参见图 11 - 1。

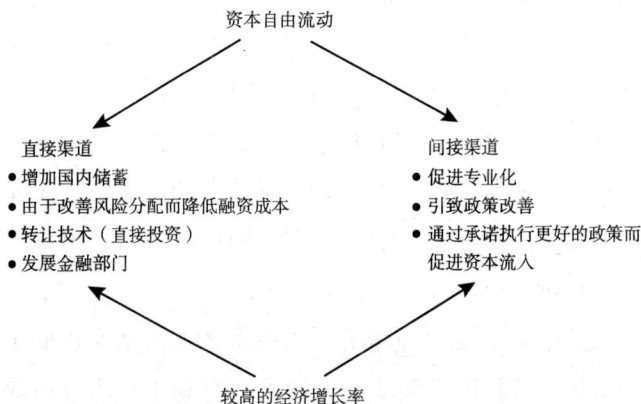

图 11 -1　资本自由流动促进经济增长的渠道

三、资本项目可兑换的风险

资本账户开放的过程中往往伴随激烈的金融动荡，即使发

_____

① 国际货币基金组织：《金融全球化对发展中国家的影响：实证研究结果》，中国金融出版社 2004 年 5 月版。

达国家也不例外，但发展中国家的实践则显示出更大的风险，很多国家都发生了金融危机，甚至引发社会动荡。国际货币基金组织的一项调查显示[①]，在 24 个发生了金融危机的经济体中，有 13 个在危机发生前的 5 年内完成了资本账户的自由化进程。该项调查也显示：对 14 次严重的金融危机进行考察发现，在其中 9 次金融危机中，私人净资本流入在危机前的 2 年到 4 年内大幅上升，超过了国内生产总值 3% 的关口。而这些资金流入在危机期间又发生逆转，比危机前 2 年的平均水平下降了 35 个百分点还要多。以上事实表明，资本账户开放与金融危机的发生具有相关性，一国从放松资本管制到资本项目可兑换的过程中会面临巨大的风险挑战。

（一）引发货币政策独立性和汇率稳定之间的冲突

20 世纪 60 年代初，蒙代尔研究了开放经济中汇率制度与货币政策和财政政策的关系，结果证明宏观经济稳定政策的效果取决于国际资本流动的程度，如果一国政府允许资本自由流动，则只能在固定汇率和独立有效的货币政策中二选一。如果一国政府实行资本管制，则可以同时维持固定汇率和独立有效的货币政策。克鲁格曼进一步发展了这一思想，提出了著名的"不可能三角"[②]（参见图 11 － 2）。从各国宏观经济管理实践看，还没有任何一个国家能够突破"不可能三角"的约束，1992 年欧洲货币体系危机、1994 年墨西哥比索危机和 1997 年泰国危机都是这一理论的典型例证。可见，如果选择了资本项目可兑换，

[①]　Williamson 和 Mahar（1998 年）。

[②]　很多文章中也称为"蒙代尔三角"，政策含义是一样的。

则意味着允许资本自由流动，那么要想维持货币政策的独立性，就必须放弃固定汇率制。历次危机显示，一旦国际资本发起了对固定汇率制的攻击，任何一个国家的央行都无力应对。经过徒劳干预之后，只能选择放弃。

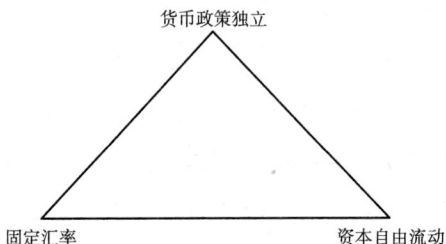

图 11-2　不可能三角

（二）加剧宏观经济波动

资本账户开放加剧宏观经济波动的现象在发展中国家表现得更为突出。首先，一些证据表明①，国际投资者在发展中国家的确比在发达国家更容易从事从众行为和顺势交易，对发展中国家宏观经济产生不稳定影响。其次，国际投资者可能（与国内居民一道）对发展中国家货币实施投机性攻击，导致与经济和政策基本面相背离的波动。第三，国外经济波动通过资本账户的传导对宏观经济的影响更直接、程度更深，加大了汇率和国内利率的波动性，而危机传染的风险成为主要威胁。其他国家的危机可能导致国际投资者和国内因素毫不相关的撤资，对宏观经济的平稳运行带来极大的扰动。第四，国际短期资本极

---

① 国际货币基金组织："金融全球化对发展中国家的影响：实证研究结果"，不定期刊物 220 号。

易冲击资产价格，助推房地产市场和股票市场泡沫，加大了宏观经济大幅震荡的风险。

（三）对金融部门稳定带来巨大挑战

资本账户自由化会加剧国内金融市场的竞争，使金融部门扩张风险交易的冲动加大，这些机构不仅扩张高风险借贷活动、高成本高波动的融资，而且还会参与衍生工具及其他复杂的金融交易，从而积累过高风险。随着资本账户开放，越来越多的金融机构从事跨境资本交易。由于面对不同币种、不同国别市场，跨境资本交易面临复杂的信用风险、市场风险和流动性风险，远远超过传统的封闭市场的风险类别，往往超越了金融部门驾驭风险的能力，加大了金融部门的脆弱性。

四、资本项目可兑换的必要条件

大量研究显示，尽管理论上资本项目可兑换可以带来很多利益，但这些利益似乎只在发达国家能够得以实现，发展中国家面临的风险更大，受到金融危机的冲击更多，原因在于推进资本账户开放的初始条件不同，发展中国家脆弱的经济金融条件使得资本账户自由化成为金融动荡的重要诱因。那么，资本账户可兑换需要哪些必要条件呢？对此，国内外诸多学者的观点各有偏重，但比较一致性的结论是：

（一）良好的宏观经济状况

包括适度的经济增长、物价稳定、财政状况良好、经常账户稳定等。此外，充足的国际清偿手段必不可少，拥有充足的外汇储备是应对冲击、稳定市场信心的重要保证。

（二）稳定的金融体系

包括较为发达的资本市场、生存能力强的金融机构、利率市场化条件下的充分竞争等。

（三）政府宏观调控和风险管理能力

包括货币政策和财政政策有效性、金融监管体系的适应性尤其是对短期资本流动的管理能力等。

（四）汇率灵活性

IMF有关研究表明，除了阿根廷外，所有国家都是在浮动或管理浮动汇率制度下实行广泛而深刻的资本账户自由化。

（五）其他

包括具有较强国际竞争力的企业、政局稳定等。

尽管一致认同资本账户自由化需要必要的前提条件，但是基于各国国情不同，资源禀赋和市场环境不同，资本流动的类型、投资者的行为方式、政策工具的有效性等都会存在差异，因此，资本账户开放对必要条件的要求是相对的，不是绝对的，是动态的而不是静态的，可以随着资本账户开放进程的推进不断调整和完善。

第二节　资本项目可兑换的国际经验

资本项目可兑换的实践时间并不长，尽管美国、日本和欧洲是这一领域的先行者，但他们在20世纪70年代末之前都存在较为严格的资本管制，特别是针对证券投资的管制。20世纪80年代之后，发达国家纷纷放松资本管制，逐步推进资本项目可兑换。发展中国家为谋求金融全球化的收益，也加快了资本账户开放的步伐。从理论上看，有关资本流动的理论主要还是基于国际贸易理论中产业资本的自由流动，金融资本特别是证券资本自由流动的历史至今不过 20 多年，人们对其还未形成系统的、历经实践证明的共识。因此，资本账户的开放问题主要还是实践性的。

由于各国资本账户开放的初始条件不同，经济基础和制度环境各异，各国相关的实践历程存在很大差别。尽管如此，依然有一些共性的经验和教训可以总结出来，为我国推进资本项目可兑换提供启示和借鉴。

一、资本账户开放应循序渐进，在开放顺序安排中，对中长期资本管制的放松应优于对短期资本管制的放松

无论是发达国家还是发展中国家，在资本账户开放过程中都非常谨慎，大多以循序渐进的方式推进资本项目可兑换进程①。如日本，从 70 年代末期严格的资本管制到 90 年代末期基本实现自由跨国金融交易，历时 20 年之久。欧洲主要国家大都在 70 年代末开始加快推进资本账户自由化，到 90 年代中期才基本完成。智利是新兴市场国家中较早开放资本账户的国家，其开放进程亦长达 20 年之久。目前，在资本账户自由化进程方面，人们已达成如下共识：自由化进程应是渐进的过程，绝大多数国家也遵循了这样的方式。

在资本账户开放的顺序安排中，亚洲金融危机的教训之一就是在开放短期资本之前，应当首先开放中长期资本流动。20

---

① 当然，也有少数国家采取了迅速的自由化，最有代表性的是英国和新西兰。

世纪 90 年代以后韩国在诸多方面放松了对短期外债借入的管制，但却保留了对中长期外债的管制，结果造成短期外债迅猛增加。在 1997 年的金融危机中，韩国企业的短期外债问题异常突出，大大影响了外国债权人对韩国金融体系和偿债能力的信任，引发了外资的大规模抽逃。泰国也是如此，面对大量外国资本涌入，泰国政府忽视了对外资结构和使用合理化的必要引导和管理，导致外资的期限结构严重失衡，短期外债比例过高，1995 年占外债总额高达 49.4%，使外资流入的持续性和稳定性受到影响。1997 年初当泰国国内经济状况有所恶化时，这些短期资本便首当其冲纷纷外逃，加剧了金融危机的演变。可见，实施渐进式开放的国家应当谨慎安排资本账户各个子项目的开放次序，特别需要在放开中长期外债管制之前，严格控制短期外债，坚持"先长后短"的基本战略。

二、资本账户开放应在国内宏观经济条件允许的基础上推进，并注重与宏观经济政策相协调

资本账户开放需要具备一定的初始条件，也就是开放的时机选择。泰国就是一个资本账户开放时机选择不够科学的典型案例，当时其宏观经济的主要层面还不具备快速开放的条件：一是固定汇率制度缺乏弹性，不能真实反映实际汇率水平，在开放条件下并不能起到汇率调节经济金融的作用；二是泰铢存贷款利率水平当时严重高挂，平均为 15%，超过国际资本市场水平两倍，极易遭受国际短期投机资本的冲击；三是政府宏观经济调控能力薄弱，长期存在财政预算赤字，国际收支经常项目严重逆差，国家外汇储备水平偏低，通胀率较高，无法有效

调节社会总供需平衡，保持良好稳定的宏观经济环境。泰国在这种宏观基础薄弱的情况下快速推进资本账户的开放，最终导致对资本输出入无法控制，引发国内金融动荡。

法国在 70 年代末至 80 年代初期的资本账户开放中，由于宏观经济政策的不一致性，导致这一阶段资本管制基本无效并且带来高昂的经济与行政成本，法国经济增长减速并出现两位数字的通货膨胀率，法郎大幅持续贬值。进入 80 年代中期，法国政府更加注重资本账户开放与货币、财政和金融政策协调一致。货币政策开始以降低通货膨胀为目标，同时执行紧缩的财政政策，对以银行融资占主导、信贷分配处于货币当局严格监管之下以及涉外金融交易被严格管制为特征的金融体系进行大力改革，发展金融创新。此外，对工资形成机制和产业政策也进行了改革。上述具有一致性的政策组合有效地控制了通货膨胀，金融市场的逐步发展也成功地增强了法郎的外部可信度，使法国第二阶段的资本账户开放取得了很大成功。

三、随着资本管制的放松，货币政策独立性和固定汇率之间的冲突不可避免，也难以调和。在保持货币政策独立性的前提下，浮动汇率制便成为资本项目可兑换的必要条件

首先，实践证明利用资本管制保持汇率稳定的效果相对有限，资本管制无法有效检测出投机性资本流动，反而会延误国内政策的调整，使汇率调整付出更高代价。20 世纪 70 年代初，日本经济出现过热，日本加强了外汇管制，全力维持日元的盯住汇率制度，尽管当时日本的外汇管理体制被认为滴水不漏，但是依然无法抵挡投机资本的涌入，在海外已建立分支和附属机构的日本企业和金融机构都成为日元投机的积极参与者，企业通过转移定价、进出口预付和延付等手段，将大量资本交易伪装成经常项目交易混入境内。由于当时日本依然以维护汇率稳定为政策核心，最终引发了1973年的通货膨胀，日本为此付出了巨大的代价。

欧洲国家逐步放松资本管制的过程中发现：资本管制不能解决引起短期资本流动的根本性问题，如法国20世纪70年代为保护汇率免受外部压力而实施的外汇管制体系基本无效，因此，各国政府越来越把注意力放在经济基本面上，汇率调整的次数和规模随之大幅度下降，从此进入了汇率稳定的时代。总之，不论发达国家还是发展中国家，其经验表明，当汇率与经济基本面偏离时，资本管制虽然会使汇率调整速度放慢，但却改变不了汇率变化的方向。

其次，各国资本账户开放的实践均未能突破"不可能三角"经典理论的束缚。20世纪70年代初，在面临日元升值的情况下，由于损失者（日本的出口企业）在政治上声音很响，而得益者（日本的进口企业和家庭部门）则声音非常小[1]，日本选择了维护汇率稳定，货币政策独立性受到限制，导致了1973年的严重通货膨胀。深尾光洋（MitsuhiroFukao）认为[2]，如果日本早在1972年就能采取浮动汇率的话，也许会将此次通货膨胀降低到最低水平。与此形成对比的是，当1977年日元再次面临升

① 深尾光洋（MitsuhiroFukao）："资本账户开放：日本的经验和对中国的启示"，2002年9月12日在北京"国际视角的中国资本账户开放"研讨会上的发言。
② 同上。

值压力时，此时日本已采用浮动汇率，1971 年曾出现的以进口延付和出口预付的增加为基础的短期资本流入并未重新出现，这是因为与固定汇率制下的轻松下注相比，浮动汇率制下短期投机的风险成倍地增加了。综观从外汇管制和独立货币政策条件下的固定汇率制转向逐步放松资本管制和更灵活的汇率制度过程中，许多国家都犯过很多错误，他们总是试图维护汇率稳定狙击投机资本，最终发现徒劳无功。韩国和泰国如果能够早点允许其货币升值，以便实行紧缩的货币政策，他们在危机中遭受的严重影响可能会减轻很多。同样，对于20 世纪70 年代的日本来说，通过采取浮动汇率进行调整的长期战略可能会比被动的"调整性通货膨胀"战略的长期成本要小得多①。从资本账户完全放开的国家看，都是在浮动汇率条件下最终实现资本项目完全可兑换的。

四、健全的金融体系是一国在资本账户不断开放的进程中，维护金融稳定、避免金融危机的重要保障

健全的金融体系不仅包括解除利率和信贷管制、实行间接货币调控机制，还包括培育现代化的金融机构、发展证券市场、构造金融市场基础设施、建立健全各种监管体系、重塑银行和政府的关系等内容。经验证明，在资本账户走向更为开放之前，加强金融体系建设的国家才有能力避免金融危机。智利相对成功的资本账户开放设计获得了良好的口碑，其通过征收"托宾税"对短期资本流动的成功管理成为经典案例。但事实上，智

---

① 该结论来自深尾光洋（MitsuhiroFukao）2002 年。

利在加大资本账户开放之前采取了一系列改革措施，全面构筑渐进式资本账户开放的基础条件，如健全金融体系、加强金融监管，对银行业务范围、存款保险制度、中央银行职责等作出许多新规定，提高透明度、解除利率管制、确定央行独立性等，建立起一个健全的金融体系框架，为有效的资本管制和稳步的资本账户开放奠定了基础。反观韩国，虽然其在80年代初就开始了金融自由化的改革，但成效并不明显，良好信贷文化建设的滞后、商业化运作理念的缺失，尤其是韩国政府对经济的不适当管理和干预都使金融部门和企业埋下了脆弱性隐患，也延缓了韩国金融部门审慎监管框架的发展，导致在后来的金融危机冲击面前毫无招架之力。可见，资本账户开放进程中，以不成熟的国内金融体系去迎接资本账户的开放必然会付出巨大的代价。

五、资本账户开放的进程是可逆的，几乎所有国家在放松资本管制的过程中都曾出现反复，为应对经济失衡重新起用部分资本管制工具

国际经验表明：资本账户开放进程中，由于一些条件突然发生变化，如，国内经济长期失衡导致国际游资的突然攻击、国际金融市场动荡影响国内市场稳定、贸易条件恶化导致经常账户赤字等等，都会导致外汇收支失衡，此时，需要重新加强资本管制，为国内经济政策调整和应对国际金融动荡冲击留出时间。可见，资本账户开放进程是可逆的，甚至是多次可逆，几乎所有已实现资本项目可兑换的国家都曾重拾资本管制工具。目前看，比较常用的资本管制工具主要有：

（一）直接征税

主要包括：①托宾税。主要是通过调节资本流动的成本，提高对短期资本流动的监管效率。常见的形式有对居民直接借入外债制定较高的无息准备金，或是规定上述外债准备金在中央银行的滞留期。智利是实行"托宾税"的成功案例。1991 年 6 月，智利对所有商业银行和金融机构的新增外国贷款（某些贸易信贷除外）实行 20% 的无息准备金要求（简称 URR）。URR 只是针对资本流入进行限制，并随着经济环境的变化不断放松管制，到 1998 年，URR 政策取消。事实证明在相关支持政策的协调下，URR 政策有效地调整了资本流入的期限结构。②其他税收。1976 年初，意大利通过向对外支付征税阻止资本流出。印度为应对 1995 年外汇市场动荡曾对进口信贷额度内的贷款征收 15%—25% 的利率附加税，马来西亚 1999 年 2 月曾对证券市场的投资征收"撤资税"，主要影响马来西亚境内离岸金融市场的证券投资，2001 年 5 月撤资税完全废除。

（二）调节准备金

为限制资本款流入，日本 70 年代初曾采取对非居民自由日元存款增加部分实行较高准备金要求的措施，而马来西亚则对外国金融机构在商业银行的林吉特存款收取无息存款保证金。

（三）限制与非居民交易

马来西亚 1994 年限制资本流入的临时性资本管制就包括限制向非居民出售一年期以下的本国货币市场证券，禁止商业银行与非居民进行与贸易无关的套期和远期交易，禁止银行与非居民持有同贸易和直接投资无关的对外债权头寸等，以上资本管制持续了一年。而为限制资本流出，意大利缩短居民持有外汇的时限，限制银行对非居民的本币存款，限制非居民的本币资金来源以控制来自境外的投机活动。马来西亚曾于1998年9月禁止居民和非居民之间相互提供信贷便利。

（四）其他措施

其他临时管制措施还包括：重新加强对经常账户支付的管制、限制银行的国际业务和境内业务、禁止进口和出口中所有远期外汇交易等。

近年来，全球资本流动规模和特点已发生巨大变化，与20世纪80年代和90年代相比，资本管制的难度和成本更大，资本账户开放面临的风险也更多，不谨慎开放带来的损失更深远。我国在推进资本账户开放进程不可避免会遇到各种冲击，上述资本管制措施可以为我国建立危机快速应对机制提供有益借鉴。

表11-1　资本项目内容两种分类的对应关系

国际收支平衡表 资本和金融账户	经合组织资本项目对应内容 （注：由于分类不同，对应关系不是很严密）	
A. 资本项目	对个人资本流动的管制	贷款 礼品、捐赠、遗赠和遗产资产转移等
B. 金融项目		
1. 直接投资 1.1 对外直接投资 1.2 对内直接投资	对直接投资的管制	对外直接投资 对内直接投资
	直接投资清盘的管制	
	不动产交易的管制	居民在境外购买 非居民在境内购买和出售

国际收支平衡表 资本和金融账户	经合组织资本项目对应内容 （注：由于分类不同，对应关系不是很严密）	
2. 证券投资 2.1 资产 2.1.1 股本证券 2.1.2 债务证券 2.1.2.1(中)长期债券 2.1.2.2 货币市场工具 2.2 负债 2.2.1 股本证券 2.2.2 债务证券 2.2.2.1(中)长期债券 2.2.2.2 货币市场工具	资本和货币市场工具	对资本市场证券业务的管制,包括股本证券和债务证券。 对货币市场工具的管制,包括国库券、商业票据、汇票等。 对集体投资类证券的管制
	衍生工具和其他工具的管制	
	适用于机构投资者的特殊条款（针对保险公司、养老基金等机构投资者）	居民在境外投资限额 非居民在境内投资限额 资产和负债构成的货币匹配
3. 其他投资 3.1 资产 3.1.1 贸易信贷 长期 短期 3.1.2 贷款 长期 短期 3.1.3 货币和存款 3.1.4 其他资产 长期 短期 3.2 负债 3.2.1 贸易信贷 长期 短期 3.2.2 贷款 长期 短期 3.2.3 货币和存款 3.2.4 其他资产 长期 短期	信贷业务的管制	对商业信贷的管制 金融信贷 担保、保证和备用融资便利
	适用于商业银行和其他信贷机构的特殊条款	境外借款 境外开户 对非居民贷款 境内外汇贷款 境内购买外币证券 对外币存款账户的差别管制 对非居民持有存款账户的差别管制 投资管制 对外汇敞口头寸的限制

第三节　我国资本项目管理的现状、 有效性及面临的挑战

一、我国资本项目管理现状

(一) 我国资本项目管理的主要内容

针对资本项目交易的主要内容，国际货币基金组织有两种分类：一是借鉴经合组织的分类，二是国际收支平衡表中的分类。

1. 借鉴经合组织对资本项目的分类。从 1996 年起，国际货币基金组织在其每年编辑出版的《各国汇兑安排与汇兑限制》中借鉴经合组织对资本交易的分类框架，将资本项目管制细分 43 项资本账户交易，主要包括：对资本和货币市场工具的管制、对衍生工具和其他交易工具的管制、对信贷业务的管制、对直接投资的管制、对直接投资清盘的管制、对不动产交易的管制、对个人资本流动的管制、适用于商业银行和其他信贷机构的特殊条款、适用于机构投资者的特殊条款等。

2. 国际收支平衡表对资本账户的分类。IMF 在《国际收支手册》第五版中，为了与国民经济核算体系相一致，将原来的资本项目改为资本与金融项目。资本与金融项目分为资本账户和金融账户。资本账户包括资本转移以及非生产性非金融资产的收买和放弃。金融账户包括直接投资、证券投资和其他投资。表 11 – 1 总结了两种分类的基本对应内容。

我国目前的资本管制是按照国际收支平衡表的主要分类项

目进行的，管理的主要内容是外债管理①、直接投资管理、证券
投资管理。具体管制包括两种形式：一是对跨境资本交易行为
本身进行管制，主要由国家规划部门（如发改委）和行业监管
部门（如人民银行、证监会、银监会、保监会）负责实施；二
是在汇兑环节对跨境资本交易进行管制，即对与资本项目交易
相关的跨境资金汇入、汇出以及外汇和人民币的兑换进行管制，
由国家外汇管理局负责实施。与此同时，外管局还负责甄别资
本交易，防止资本项目交易混同于经常项目，逃避管制。

（二）我国资本项目可兑换的现状

改革开放以前，中国"既无内债，也无外债"，不存在跨境
资本流动。1978 年 12 月，党的十一届三中全会明确提出了改革
开放的任务和对外开放的基本方针，指出要积极引进国外先进
技术，利用国外资金，大胆地进入国际市场。1979 年，中国利
用外资工作开始启动。同年 1 月 1 日，由国家统一借贷的第一
笔国际商业贷款正式签约，启动了人民币资本账户开放进程。
1979 年，国内企业开始进行跨国投资；1982 年，国内企业首次
在境外发行日元债券；1991 年，第一只人民币特种股票（B 股）
面世；1993 年，国内企业首次到境外发行股票（H 股）；1996
年 12 月，中国实现了经常项目下的货币可兑换，同时加快了资
本项目可兑换进程。亚洲金融危机期间，中国一度加强了对资
本流出的管制。2000 年以后，为顺应加入世界贸易组织和经济

---

①　我国对资本项目的管理中，存在外债统计口径与管理口径的差异。外债管
理中包括对外发债管理，而发债从统计上讲属于证券投资，记录在金融账户证券投
资项下负债方的债务证券中。

全球化的要求，根据中国经济发展和改革开放的客观要求，在稳步推进资本项目可兑换方面采取了一系列措施，2002 年试行合格境外机构投资者（QFII）制度，2004 年合格境内机构投资者（QDII）制度启动，2005 年允许国际金融机构发行人民币债券，2006 年取消境外投资用汇限制等。2008 年 8 月，国务院再次修订《中华人民共和国外汇管理条例》[①]，取消我国境外企业外汇收入强制调回境内的要求，取消经常项目强制结售汇要求，简化对境外直接投资的行政审批程序，增设境外主体在境内筹资、境内主体对境外证券投资和衍生产品交易、境内主体对外提供商业贷款等的管理原则等，使资本账户的开放又前进一步。

2002 年，国家外汇管理局首次参照国际货币基金组织 43 项分类标准，对我国资本项目可兑换的程度进行评估，三年后再次进行评估，结果显示：截至 2005 年底，已实现可兑换的资本项目有 10 项，占 23%；较少限制的有 17 项，占 40%；较多限制的有 10 项，占 23%；严格管制的有 6 项，占 14%，主要包括境外机构在境内货币市场购买、出售或发行短期金融工具，境外机构在境内购买、出售或发行金融衍生工具，居民个人与非居民个人之间相互提供贷款等。

依据我国资本项目的管理内容划分，当前我国资本项目的管制情况如下（参见表 11 - 2）。从管制强度看，目前我国对直接投资和贸易信贷管制较松，管制较多和严格管制的项目主要集中在证券投资和对外借贷款，具体包括：

---

① 1980 年 12 月 18 日国务院发布《中华人民共和国外汇管理暂行条例》，1996 年 1 月 29 日发布《中华人民共和国外汇管理条例》，1997 年 1 月 17 日曾进行一次修订。

表 11-2 中国资本项目管制现状

项目名称	管 制 内 容	管制程度		
		较少管制	较多管制	严格管制
资本账户	1. 移民境外的自然人转移境内合法财产及外国居民转移其在境内继承遗产存在汇兑限制,财产在等值人民币 20 万元以下可一次汇出,其他需分次汇出。	#		
	2. 居民个人向非居民、非居民向居民个人提供贷款不允许。			#
金融账户				
1. 直接投资				
中国对外直接投资	1. 境内投资者到境外投资的项目需有关主管部门核准,无购汇额度限制,但汇出的前期费用一般不得超过境外投资总额的 15%。	#		
	2. 商业银行在国外设立分支机构须经银监会事前审批,商业银行在境外投资存在诸多限制。			
外国在华直接投资	需经有关部门批准,但仅对涉及国家安全的某些行业,限制或禁止外商直接投资,但投资外汇结汇需审批。	#		
	投资清盘需经真实性审核后方可购汇汇出。	#		
2. 证券投资				
股本证券投资	非居民可通过 QFII 投资境内,目前已批准 49 家 QFII,总额度 300 亿美元。		#	
	非居民可自由买卖 B 股,但资金不可以结汇。	#		
	非居民不能在境内发行股票和有参股性质的其他证券。			#
	银行、基金管理公司和保险公司可办理代客境外理财,境内居民只能购买它们发行的 QDII 产品,间接投资境外证券市场。2007 年末共有 50 家商业银行、基金管理公司、证券公司和保险公司获得 QDII 投资额度,实际投资规模超过 300 亿美元。		#	
	5. 企业可直接到境外上市。	#		

续表 11－2

项目名称	管 制 内 容	管制程度		
		较少管制	较多管制	严格管制
债务证券投资：（中长期债券、货币市场工具、衍生工具）	1. 非居民仅允许 QFII 购买。		#	
	2. 非居民经批准可发行以人民币计价的债券，目前只批准国际金融公司和亚洲开发银行首次发行人民币债券。		#	
	3. 居民中具有资格的机构可购买境外债券。		#	
	4. 境内机构发行境外债券须事前批准。		#	
	5. 非居民不能在境内出售或发行货币市场工具。			#
	6. 居民不得在境外发行货币市场工具，但具备资格的机构可在境外购买和出售。		#	
	7. 非居民不允许在境内购买、出售和发行衍生工具。			#
	8. 居民在境外购买、出售和发行衍生工具需经审批和外汇敞口头寸限制。		#	
3. 其他投资				
对外借贷款	1. 中资机构经批准可对外借款，1 年期以上贷款纳入国家利用外资计划，1 年期以内的短贷实行余额管理（外商投资企业可依法自主对外借款，但必须登记）。外债资金除经国务院批准外，一律调回境内使用，企业国际商业贷款不得结汇等。		#	
	2. 境内金融机构经批准后按照外汇资产负债比例规定可以对外放贷，放贷后需向外管局备案。企业不得向非居民提供金融信贷。		#	
贸易信贷	1. 金融机构经审批可向非居民提供外汇贷款，企业可向非居民提供贸易信贷（延期收款）。	#		
	2. 企业获取贸易信贷需履行规定的审批手续或办理外债登记。	#		

续表 11 – 2

项目名称	管 制 内 容	管制程度		
		较少管制	较多管制	严格管制
货币和存款	出入境每人携带人民币不得超过 2 万元。个人入境携带外币现钞等值 5000 美元以下无须向海关申报。	#		

资料来源：根据外汇管理相关政策、刘仁武等《国际短期资本流动监管理论和实证》第 189 页"外国资本项目管制项目及程度"（2006 年）、管涛"资本账户开放与中国外汇管理体制改革"第 214 页《资本账户开放与中国金融改革》（2003 年）相关资料整理。

1. 严格管制的项目。借贷方面，不允许居民个人向非居民提供贷款，也不允许非居民向居民个人提供贷款；国内企业不得向非居民提供金融信贷。证券投资方面，不允许非居民在我国境内发行股本证券（股票和有参股性质的其他证券）；不允许非居民在境内出售或发行货币市场工具；不允许境内机构在境外发行货币市场工具；不允许非居民在境内购买、出售和发行衍生工具；不允许居民个人直接投资境外证券市场。

2. 较多管制的项目。证券投资方面，非居民在境内购买、出售股本证券受 QFII 制度约束；非居民在境内购买债务证券（债券和其他债务性证券）受 QDII 制度约束；非居民在境内发行债务证券经批准可发行，目前为止仅批准国际金融公司和亚洲开发银行发行两笔分别为 11.3 亿元和 10 亿元 10 年期人民币债券；居民在境外购买证券受 QDII 制度约束；居民在境外发行、出售债务证券要具备业务资格且事先得到批准；居民在境外购买、出售和发行衍生工具需经审批和外汇敞口头寸限制。

借贷方面，借用中长期外债须审批并列入利用外资规划，1 年期以下短期外债实行余额管理；金融机构提供境外外汇贷款必须经过审批且符合资产负债比例要求。

二、我国资本管制的有效性①

（一）近年来我国资本流动特点

2000 年以来，我国资本流动情况发生显著变化。从历年国际收支平衡表看，主要有以下特点：

1. 资本流动规模迅速扩大。2000 年我国资本流入额和资本流出额分别为 920 亿美元和 900 亿美元，到 2007 年时相应数据分别为 9220 亿美元和 8485 亿美元。资本流动规模的迅速扩大与我国经济的快速发展和对外开放程度不断加深密切相关。

2. 稳定的直接投资是我国资本净流入的主要来源，证券投资和其他投资项下资本流动净额一直呈现较大的波动性，对我国资本净流入的贡献并不大，但却是资本净流出的主要渠道。2001—2007 年，直接投资净流入累计金额 4306 亿美元，而证券投资和其他投资累计净流出金额分别为 524 亿美元和 526 亿美元。

3. 其他投资项下外债资本大进大出，给我国金融稳定带来隐患。2006 年以后，当年贷款项下外债流入和流出额都远远高于当年外债余额，一方面说明大量短期资金进出我国金融市场但并未形成外债余额，另一方面则说明虽然我国外债各项指标

---

① 由于美国次贷危机，2008 年和 2009 年资本流动属于非常态情况，所以本文对我国资本流动的分析数据到 2007 年止。

都在国际安全线以内，但并不表明我国的外债管理可以无忧。如此大规模的外债流入和流出（2007年贷款项下外债流入5490亿美元，流出3736亿美元）一旦失去平衡，对我国金融稳定将带来巨大威胁。

4. 短期资本流动①规模急剧扩大，占资本流动总额的比重迅速提高。2007年短期资本流入高达6813亿美元，短期资本流出高达7531亿美元，分别是2001年的17.4倍和25.4倍。与此同时，短期资本流入和流出占资本流入和流出总额的比重也从2001年的39%和46%分别上升为2007年的74%和89%。

5. 外汇储备的超常增长显示大量不明资金绕过了外汇管制进入国内，成为影响我国金融稳定的巨大隐忧。2003年以来，随着人民币升值预期的增强，外汇储备出现异常的超速增长，2003年外汇储备增加1169亿美元，2004年增加2066亿美元，2005年增加2090亿美元，2006年增加2474亿美元，2007年增加4619亿美元，2008年上半年增加近3000亿美元。除掉贸易顺差、外商直接投资、外汇储备投资收益等，大量不可解释的外汇流入说明，大规模的热钱正在绕过外汇管制进入中国，其目的是谋取人民币升值的收益。在当前股市、房市萎靡不振的形势下，热钱可能只是存放在银行账户上，但前两年房地产热潮和2006年—2007年前三季股市泡沫中，热钱显然也扮演了重要角色。对于到底有多少热钱流入国内，不同测算结果差异很大。中国社科院张明认为流入中国的热钱总规模已达

---

① 短期资本数据依据国际收支平衡表资本和金融项目，由货币市场工具、短期贸易信贷、短期贷款、货币和存款、其他短期资产和负债组成。

惊人的 1.75 万亿美元，银河证券估计，2005 年—2008 年 5 月，流入热钱 4593 亿美元，约占同期新增外汇储备的 40%，德意志银行经济学家迈克尔－佩蒂斯（Michael Pettis）撰写的研究报告认为，2008 年前四个月实际热钱流入量达到 3700 亿美元，高于 2300 亿美元的外汇储备增幅。尽管对热钱具体数据难以掌握，但巨额投机性热钱进入国内已是不争的事实，并已对我国宏观经济稳定和货币政策独立性形成牵制，如何阻挡热钱的持续流入以维护我国货币政策的独立性、同时防范资本流入突然逆转引发金融动荡已成为中国政府当前面临的巨大挑战。

（二）我国资本管制的有效性

在资本流动方面，2000 年以来，我国资本管制政策取向逐渐由"宽进严出"向平衡资本流入和流出的"均衡管理"思路转变，2003 年以后，随着人民币升值预期的增强，大量投机人民币升值的资金通过各种渠道开始进入中国，资本项目管理政策开始鼓励对外直接投资，放松对外证券投资，同时防范热钱流入；在资本期限结构方面，我国资本管制政策始终坚持"宽长严短"的原则；在外债管理方面，自亚洲金融危机以来，我国加大了对外债的管理力度，高度重视借用国外贷款的安全性。总之，资本管制的政策目标最终是使国际资本流动有序进行，支持国家宏观经济目标的实现。

从近年来我国资本流动特点看，我国资本管制实际效果与上述政策目标存在一定程度的偏离：一是外汇储备的超速增长表明资本流动规模迅速扩大的同时，流入和流出的不平衡程度加剧；二是贷款项下大规模资本进出显示出外债管理中过程监管面临严峻挑战；三是始终存在的国内不明资产外流现象说明对资本外逃的监管存在很多漏洞；四是短期资本比重快速上升使我国资本流动呈现短期化特征；五是在当前资本流动异常的情况下，外汇占款成为央行基础货币投放的主渠道，影响了国内利率和物价水平，外汇储备增长势头不减，央行外汇冲销能力几近极限，货币政策独立性受到严重挑战，资本管制政策未能有效减缓资本大量流入的压力，尤其是堵塞热钱进入的渠道。综上可以看出，我国资本法规管制与资本流动出现一定程度的背离，一方面说明资本管制有效性偏低，另一方面也显示出资本管制的局限性，即引发资本流动的很多问题并不能仅仅依靠资本管制来解决。

三、我国资本项目管理面临的挑战

（一）随着我国经济对外开放程度的不断提高，在经常账户可兑换、资本账户部分可兑换的框架下，资本绕过管制的渠道很多，从技术上堵塞这些渠道的难度很大

1. 一些交易同时具备经常项目和资本项目的特征，可以通过资本替代实现流动，如预收、延付货款都属于贸易融资范畴，兼具经常项目和资本项目双重特征，如果企业在出口时最大限度地利用预收货款，进口时使用延期付款，就可以使大量外汇滞留境内，享受利率汇率收益。

2. 通过经常项目实现资本流动的渠道很多，以资本流入为例，可以通过"低报进口价格、高报出口价格"的方式，少付汇多收汇，变相实现了境外资金的流入；通过预收、延付货款流入；通过跨境关联交易利用转移定价将资本或利润流入国内；

在非贸易项下以职工报酬和赡家款、以个人外汇收入、以捐赠的名义、通过转移支付方式等将外汇汇入国内。尤其是非贸易项越来越成为国际投机资本流入国内的一个重要渠道，2002 年非贸易项下资本净流出急剧减少，2003 年开始，非贸易项下资本净流入额持续快速增长，由 2003 年的 98 亿美元净流入增加到 2007 年的 644 亿美元。

3. 资本账户下可通过部分开放的项目操作资本流动。如外商投资企业可通过境外母公司给国内子公司注资、零利率贷款等方式扩大资本流入，还可通过"返程投资"变相流入①。此外，通过短期贷款方式也可进入大量异常资金。从前面分析可看出，虽然我国对短期外债实行较为严格的管制，但资金利用短期外债流动的规模和频率却越来越大。

4. 存在一些非法渠道如非法携带外币现钞、借道地下钱庄等。

综上所述，除非法渠道资金流动外，其他渠道的资金流动在实际操作中很难区分真实和虚假交易，如一刀切地加大准入和汇兑管制，会伤害依法经营的企业，降低经济效率，不符合我国对外开放和经济发展的要求。

（二）资本流动与国内经济结构和相关政策有关，热钱等问题并不是资本管制能够完全解决的

我国国际收支失衡的根本原因是内部经济失衡，即国内投

---

① 所谓"返程投资"是指境内居民通过特殊目的公司对境内开展的直接投资活动，其相关资本或股权的最终控制人是境内居民，投资目的是"政策寻租"或"金融投机"，它们以非常隐蔽的方式绕开有关部门的监管。

资和消费比例关系失调，特别是国内消费相对不足。引发这一失衡的原因有多种，最主要的是改革开放以来，我国围绕出口导向经济发展战略进行了一系列政策安排和制度设计，其中也包括资本账户开放进程安排和政策取向。随着我国经济与世界经济的融合，我国宏观经济走势和相关政策变动越来越成为影响资本流动的基础因素，一旦出现影响资本流动的重大诱因如人民币升值预期，单靠资本账户的法规管制难以从根本上影响资本流向，各国相关经验也充分证明了这点。

（三）人民币汇率形成机制改革进程中加大了资本账户管理难度

"不可能三角"表明，资本自由流动、固定汇率制和货币政策独立性三者不能同时存在，作为一个发展中大国，我们不可能放弃货币政策独立性。目前，正值人民币汇率制度改革，弹性的人民币汇率制度对资本流动将起到自动调节作用，而资本自由流动又会促进汇率形成机制的完善，如何使汇率改革和资本账户开放相辅相成是一个现实难题。二者之间一旦协调不好都会影响货币政策的独立性。2003 年以来大量热钱进入主要原因在于人民币汇率升值预期。只要这个因素存在，在国际环境不发生大的变化的情况下，资本管制就难以起到实质性的作用。各国经验也证明了这点，最终结果只能是加大汇率弹性。

除上述挑战外，我国资本账户管理还有很多需要改进的地方，如资本账户多头管理加大了成本，降低了资本管制效率；资本项目管理过多地使用行政手段，非现场监管不力；短期资本项目管理急需加强和完善等。

第四节　完善制度建设、逐步实现人民币资本项目可兑换的政策建议

资本账户管制成为抵御亚洲金融危机和当前美国次贷危机对中国直接冲击的有效屏障，毫无疑问，对资本项目在一些关键领域的较为严格的管制使中国金融体系与国际金融体系相对隔离，从而幸运地避开了两次重大国际金融危机的直接冲击。一方面，说明中国谨慎推进资本账户开放是一项正确的策略，另一方面，应该看到，面对国际金融市场的风险冲击，中国金融机构远远不具备国际竞争实力，相比之下中国金融体系的脆弱性更大，因资本管制而幸免于灾并不能成为拖延国内金融体制改革和开放的借口。

一、逐步推进资本项目可兑换面临的形势

美国次贷危机迅速演变为金融海啸，并逐步影响到实体经济。虽然对我国金融体系并未带来直接冲击，但是作为一个开放的经济体和全球经济的重要组成部分，次贷危机对中国的影响不能低估。其影响：一是中国大量外汇储备有可能缩水。二是次贷危机适逢我国经济结构进入调整期，随着金融危机的发展，国际贸易萎缩，贸易摩擦会增加，不利于我国扩大出口。三是危机爆发后中国经济率先恢复增长，美国经济持续低迷，欧洲深陷主权债务危机，中国经济的良好表现和人民币升值预期导致大量热钱流向中国，再加上应对危机期间中国银行的天量贷款，中国流动性过剩有可能加重房地产泡沫（股市目前处

于低迷状态)。目前,中国正在调整房地产市场,加大产业结构调整力度。一旦中国经济增长明显放缓,再加上房地产市场泡沫破裂,人民币升值预期减退,大量资金外逃在所难免。如何在这种严峻的形势下推进资本账户开放,对中国金融稳定至关重要。

从长期看,世界金融和经济秩序将发生较大改变,金融危机显示出国际合作和协调已成为维护全球金融稳定的必要手段,加强金融衍生品的管制、加强金融监管的国际合作步伐将加快。尽管美元在相当长时间依然能够保持霸权地位,但美元的相对地位将逐渐衰落。多元化国际货币体系的建设将提上日程,对全球经济稳定具有重要作用的国家货币将发挥更大的作用,人民币在国际金融新格局中将扮演更积极的角色。与此同时,地区之间的金融整合会加快步伐。对东亚地区来说,金融危机将逐渐改变该地区对美元的过度依赖,鉴于中国经济在该地区经济稳定的重要性,人民币区域化既符合该地区的经济需求,也符合我国的政治和经济利益。以上都对人民币资本账户开放提出更高要求。

二、继续推进资本项目可兑换的必要性

党的"十七大"报告再一次将"逐步实现资本项目可兑换"定为今后一段时期的奋斗目标。逐步实现人民币资本项目可兑换是我国对外开放的重要内容,是我国经济市场化、国际化的内在要求,也是我国在经济全球化中谋求更大利益的一个手段,在风险可控的前提下继续推进资本账户开放、完善相关条件和制度建设是我国更好地利用"两个市场、两种资源"加

快产业结构调整、提高企业国际竞争力、加速深化金融改革、完善金融监管体系、降低资本管制成本、最终实现人民币完全可兑换以在国际货币体系中谋得重要地位的必然选择。

三、完善制度建设，逐步实现人民币资本项目可兑换的政策建议

良好的宏观经济状况和相应的制度建设是资本项目可兑换顺利推进的必要前提。所谓良好的宏观经济状况，主要是指持续稳定的经济增长、较低的通货膨胀率、国内经济结构不存在重大失衡，这些条件决定了我国资本项目开放的时机选择。而相应的制度建设则包括健全的国内金融体系，包括具有国际竞争力的金融机构、完备的包含各个层次的金融市场，市场化利率形成机制、强有力的监管体系，以及自由浮动的汇率机制等等，这些制度的完善是获取资本项目可兑换预期收益、防范资本账户开放可能带来巨大风险的基础保障。

当前金融危机再次显示出开放经济体面临的巨大国际金融风险，韩国经验再次证明在国内经济没有充分准备条件下的被动式开放仍然是经济发展的隐患。亚洲金融危机后，为接受 IMF 援助的条件，韩国被迫加快开放资本账户，大幅度放松资本管制。尽管近几年韩国经济取得较好的经济增长，但随着次贷危机的蔓延，韩国成为亚洲区内所受冲击最大的国家，韩国银行业积累了大规模的短期外债，随着全球流动性短缺，韩国的银行业为即将到期的借款进行再融资的难度越来越大，与此同时韩国的资本外流急剧上升，从股市、债券等领域流出的资金规模巨大，导致韩元大幅贬值。可见，韩国国内相关制度建设与

资本账户开放的要求存在一些距离。

目前，无论从宏观经济状况还是从制度建设看，我国离资本项目可兑换的要求还有很大距离，因此人民币资本项目完全可兑换是一个长期目标。鉴于制度完善不能一蹴而就，需要在不同阶段逐步建设和健全，从而决定了资本项目可兑换需要按阶段推进。考虑到全面建设小康社会是我国 2020 年的奋斗目标，届时我国经济建设、对外开放、市场化体系等都将达到一个新的水平，我国完全有条件、有能力实现人民币资本项目完全可兑换。因此，基于当前的条件和未来的目标，人民币资本项目可兑换在坚持"逐步、可控、有序推进"的原则下，依据国际经济金融环境、国内宏观经济状况和制度条件，可将人民币资本项目可兑换进程大致分为三个阶段，争取到 2020 年基本实现人民币资本账户完全可兑换。不同阶段资本账户开放的目标、主要任务及相应的制度建设如下：

（一）第一阶段："十一五"末期到"十二五"前期

由于次贷危机仍在持续，无论是发达国家还是发展中国家正在全力阻止危机恶化，全球金融市场和国际金融格局演变的趋势很难判断。我国现阶段应高度关注短期资本的流动态势，防止短期资本大规模集中流出对经济带来巨大损害。因此，未来两年可适当暂缓我国资本账户开放进程，主要对已开放项目的内容进行调整。该阶段的主要目标是：完善有效的短期资本流动监测预警系统，稳定外商直接投资，在加强监管的同时使对外直接投资有一个跨越性发展。

该阶段目标的实现需要依赖于以下相关制度建设：①加强资本流动监控体系建设，堵塞隐蔽性资本的进出渠道，提高资本管制的针对性和有效性。②加强对外投资监管体系建设。③建立、完善国内银行对经济的促进机制。我国经济正在转型中，增长方式正在由粗放到集约，由依靠国际市场转变为扩大内需，面对当前恶劣的国际条件，银行当前追求的目标不应是国际化，而是提高国内资金的利用效率，有效促进内需。银行是金融稳定的基石，当务之急是加强对银行的监管，加大对银行财务状况的监控力度，强化风险披露机制，完善存款担保和保险机制。④保持人民币汇率基本稳定，允许人民币小幅升值。首先，一定阶段的人民币升值是转变经济增长方式的组成部分，通过贬值促进出口不符合我国扩大内需、减少过度依赖外需的战略性调整。其次，我国持有储备主要是美元资产，人民币对美元以外的其他国家货币升值有利于提高我国对外投资和进行战略储备的资金实力。⑤吸取国际经验，改进金融监管标准、预警系统和风险防范体系。未来两三年时间，金融危机使全球经济进入调整周期，国际社会在金融领域将进行一些深层次改革，特别是加强金融衍生品、信用评级机构、风险管理等方面会出台很多措施，我们应注意观察并吸收。

（二）第二阶段："十二五"中后期

国际经验表明，经常账户开放是资本账户开放的必要前提，经常项目可兑换之后，应进行积极的金融改革，通过金融机构设立、运营自由化和资本市场自由化，提高储蓄与投资之间的转换效率，通过利率自由化，促进资金供给与需求的平衡。在这种情况下，外汇供求失衡的压力会减轻，不会导致升值或贬值的单向预期以及由此引起的国际游资的投机，资本账户会相对稳定，有利于有序推进资本账户开放。目前，我国金融体系市场化程度不高，主要表现在现有金融机构并不是市场化竞争的结果，是该行业高度管制的结果，既降低了资源配置效率，也难以提高市场竞争力。在这种形势下，资本账户开放过快，会导致国内金融机构在国际资本面前无还手之力。从我国金融现实看，未来相当长时间银行主导的金融格局在我国工业化进程中举足轻重，培育具有市场竞争力的银行体系是我国金融安全的重要保障。随着汇率灵活性加大，利率管制和行业准入放松，将创造一个市场化的金融市场环境，金融机构在激烈的市场竞争中将重新洗牌并出现真正的强者。在这之后，随着资本账户放开，外资金融机构的进入将是我国金融体系的补充，而不会掌控我国的金融命脉。因此，该阶段资本账户开放要与国内金融自由化协调。该阶段主要目标应是：基本建成充分竞争的国内金融体系，同时资本账户开放步伐显著加快。

相关政策协调及制度建设：①严格控制通货膨胀，防止股市和房地产泡沫。②完善人民币汇率形成机制，加大人民币汇率波动幅度，在外汇市场中创造双向风险。国际经验表明，外汇管制只能拖延不可避免的汇率调整，而且会带来高昂的行政成本，同时寻租能力强的大银行和大公司往往能够得到特殊待遇，使小银行和小公司处于不平等的竞争地位。③完善社会信用体系建设，加快国内金融自由化步伐，降低金融机构的进入门槛，为民营金融机构参与竞争营造政策环境和市场环境，在此基础上谨慎放松部分利率管制。④加强金融监管协调，完善金融机构内部风险控制，健全存款保险机制和金融机构退出机制。⑤加快完善资本市场制度建设和金融基础设施建设，加快企业债券市场发展，鼓励金融制度创新，围绕实需交易推出避险工具。

资本账户主要开放内容：①直接投资：除少数限制行业外，允许外商直接投资进入；取消相关外汇审批，通过授权交易商进行备案。非金融企业对外直接投资实行备案制，商业银行对外直接投资依然受到限制。②证券投资：放宽 QFII 家数限制、投资额度和投资范围，为我国资本市场深化起到积极的推动作用；不限制企业到境外上市；适当放松企业境外债券融资限制，为企业融资能力建设提供机会；允许合格企业发行外币长期债券，对外币短期债券的发行和货币市场工具的发行实行额度管理；允许居民个人在一定额度内对外金融投资；继续推动非居民发行人民币债券的试点；进行非居民在 A 股市场融资的试点。③贷款：延续现有管理办法，同时加强对短期借款的实时监控，防范外债风险。

（三）第三阶段：2016 年至 2020 年，即"十三五"时期

该阶段的目标是：基本实现开放条件下人民币资本项目完全可兑换。

相关制度建设和政策调控：该阶段我国外汇管制的原则实现从"有例外的限制外汇交易"向"有例外的外汇交易自由化"转变（即从指定许可交易到指定禁止交易转变)①；利率管制基本取消；人民币汇率基本实现自由浮动；汇率政策由人民银行移交财政部，财政政策更加符合开放经济的要求；人民银行具有充分独立性，货币政策逐渐转向盯住通货膨胀和资产价格为目标，且通过利率手段进行有效调节；资本市场建设不断

---

① 即所谓的从正面清单向负面清单的转变。

完善，逐步成为企业融资的主要渠道之一；国内金融市场能够提供足够的避险工具，衍生金融工具市场得到充分发展。金融监管体系由多头监管走向一元化监管。此外，该阶段资本账户的顺利推进还要取决于我国经济增长方式的转变，否则，在经济内外失衡情况下，资本账户将呈现极不稳定的状态，资本管制失控将导致资本账户开放难以有序进行。

资本账户开放主要内容：①直接投资：进一步放宽外商直接投资的行业限制，保持政策连续性；对外直接投资方面，仅保持对商业银行对外投资的少量限制。②证券投资：放开对企业短期外币债券发行的限制，对货币市场工具的发行实行额度管理，衍生金融工具等的发行要实行审批。建立人民币离岸金融中心，开放国内证券市场，允许非居民在国内市场进行股票融资和债券融资，适当控制非居民货币市场工具和衍生金融工具等的发行。总之，证券投资除货币市场工具和衍生金融工具外，居民（金融机构除外）到国际市场发行、购买和出售，非居民在国内市场的发行、购买和出售不受限制。③贷款：对短期外债实行严格监控；进行人民币国际贷款的试点，逐步放松对非居民人民币贷款的管制，为人民币区域化、国际化奠定条件基础。综上，可视为人民币基本实现了资本项目可兑换。

第十二章
转变经济增长方式，促进内外需协调增长

改革开放以来，我国经济发展方式逐渐呈现出过度依赖外需、内需与外需失衡的突出特点，由此带来诸多问题，如贫富差距过大、资源能源消耗过多、环境遭到严重破坏等。自 2003 年以来，我国加快了转变经济增长方式的步伐，如何扩大内需特别是居民消费需求、改变经济增长过于依赖外需的格局成为题中之义。2007 年 10 月中国共产党第十七次全国代表大会再次明确指出：科学发展观是中国经济社会发展的重要指导方针，是发展中国特色社会主义必须坚持和贯彻的重大战略思想。其中，实现未来经济发展目标，关键环节之一是加快转变经济发展方式。然而，2008年全球金融危机的爆发打断了这一进程。2009 年，我国经济增长虽然主要依靠内需拉动，但内需的增加却是依赖于投资尤其是财政投资拉动，居民消费不足的格局及动因并未改变，而一系列应对金融危机的措施更是延滞了产业结构的调整。随着政府刺激政策的退出，由于国内消费乏力，过剩产能依然需要依靠国际

市场吸收，过度依赖外需的产业结构并未得到改善。可以说，目前内外需失衡的机制和政策并未得到有效矫正。危机后美国亦努力扩大外需，转变经济增长方式，内外环境的变化更增加了我国加快转变经济增长方式的迫切性。本章探讨了我国内外需失衡的现状及原因，从如何扩大内需、促进形成内外需协调增长机制的视角提出了转变经济增长方式的原则和思路。

第一节　内需、外需的概念界定及相互关系

内需是指内部产生的需求，即国内投资加消费（包括政府消费和投资），利用国民账户的概念，可以表述为内需 = 消费 + 投资 + 政府支出 + 进口，外需指外部需求即出口。对内需和外需的界定，国内也存在一些争议，有学者认为外需应用净出口表示，这事实上混淆了概念。国内需求，不管是消费还是投资，既包括对国内产品的需求，也包括对国外产品的需求，因此进口应包括在内需之中，用净出口描述外需是不准确的。在宏观经济统计中，三大需求指最终消费支出、资本形成总额、货物和服务净出口，这是从支出法国内生产总值的构成进行分类的，并不对应于内外需求。从内涵来看，内需与外需不是在一个层次上能够比较的概念，内需的内涵远远大于外需，如为满足外需引致的投资就包含在内需中。

从理论上讲，只有在充分就业和产能达到瓶颈时，外需的增加才有可能挤占内需。一般情况下，外需可以直接带动国内投资、消费的增加，而内需则通过增加投资和进口促进外需的增长。合理外需有利于促进一国国内产业结构优化调整，发挥

比较优势，在全球范围内整合资源和竞争优势，对一国经济的可持续发展做出贡献。外需结构不合理会加剧国内资源配置失衡，造成供给结构不合理，不利于经济的长远发展。但内需和外需之间不是此消彼长的关系，内需不足并不意味着外需过大。通过合理制度设计和政策引导，内外需可以形成良性互动机制，提高经济增长的效率和可持续性。从目前我国经济现状看，突出地表现出外需增长相对过快、内需（消费需求）相对不足的现象，二者之间并未呈现出良性互动的发展态势。

第二节　我国内外需失衡的现状

一、外需过大，经济增长的贸易依存度过高，国际收支出现较严重失衡

2007 年，出口占我国 GDP 的比重约为 37%，2008 年为 32.3%，2009 年受金融危机的影响，降为 24.3%①。而贸易依存度（即进出口总值占 GDP 的比重）分别为 65%、60% 和 45%。从国际比较看，像新加坡、马来西亚和泰国等以贸易立国的资源贫乏的小国家，其贸易依存度一般都高于 100%，而美国、日本、巴西和印度等发达国家和发展中大国，贸易依存度都低于 30%。可见，我国的贸易依存度相对较高。

与此同时，我国外汇储备快速增长，尤其是 2004 年以来，

---

① 数据来源：《国民经济和社会发展统计公报》，2007 年数据均按 1 美元兑换 7.6 元人民币折算，2008 年和 2009 年则按 1 美元兑换 6.8 元人民币折算。

发生跳跃性增长，至 2010 年 6 月底，我国外汇储备高达 2.5 万亿美元，是 2000 年 1656 亿美元的近 15 倍。可见，我国外需过大，国际收支失衡的趋势依然在加大。由于我国出口依然属于粗放型增长，无论从国内资源能源约束还是从国际市场容纳空间看，我国出口的迅速扩张都是不可持续的。

二、消费需求相对不足，而消费需求不足主要是居民消费需求不足

我国内需不足表现为以下四个层次：

（一）经济增长中消费需求不足，突出地表现为投资率较高，消费率相对较低

1997 年我国开始利用积极财政政策扩大内需，投资需求迅速扩大，但消费需求始终不振。1997 年以来，我国投资率从 36.7% 上升到 2008 年的 43.5%，而消费率则从 59% 下降到 48.6%。从国际比较来看，无论与世界平均水平，还是与发达国家和发展中国家相比，中国的投资率都相对高得多，而消费率则相应低很多。如 1998 年至 2004 年，美国平均最终消费率是 84%，日本是 72.9%、韩国是 68.3%、印度是 78.9%、德国 77.6%、俄罗斯 68.1%、巴西 79%、墨西哥 80%，远远高于同期中国的 58%，更不必说我国消费率自 2006 年早已降到 50% 以下。

（二）消费需求不足表现为最终消费支出中政府消费率偏高，居民消费率偏低

在最终消费支出中，政府消费比率从 1997 年的 23.3% 上升到 27.3%，而居民消费比率则相应从 76.7% 下降到 72.7%。可见，最终消费率下降的主要原因是居民消费率的快速下降。

（三）居民消费支出中城镇居民消费支出比重提高，农村居民消费支出比重下降

从 2008 年居民消费水平看，按当年价格计算，城镇居民消费水平是农村居民的 3.6 倍，远远高于 1990 年时的 2.9 倍。可见，随着经济持续增长，农村居民与城镇居民的消费水平呈现越来越大的差距。广大农村居民的低消费水平是我国内需不足的重要表现。

（四）居民长期边际消费倾向过低，短期边际消费倾向大幅下降

秦熠群、卫建华[①]对我国居民消费函数的实证分析显示：我国长期边际消费倾向（1981—2003 年）为 0.451，低于国际平均水平的 0.611（以钱纳里模型为参考）。而 2000 年以来，我国居民的短期边际消费倾向呈现迅速、大幅度的下降，是导致内需不足的重要原因。

第三节 我国内外需失衡的原因

一、国内储蓄大于投资的结构性失衡以及国民收入分配格局不合理是影响内外需失衡的根本原因

首先，我国经济长期存在储蓄大于投资的结构性失衡使依靠外需消化储蓄成为必然。长期以来，我国国内经济的主要特

---

① 秦熠群、卫建华："我国长期和短期边际消费倾向的实证分析及对策研究"，《价格理论与实践》，2005 年。

点之一就是低消费、高储蓄。从支出法国内生产总值构成看，我国最终消费率从 1981 年 67.1% 的最高点（自 1978 年以来）下降到 2008 年 48.6% 的历史最低位，相应储蓄率则从 32.9% 的最高点上升到 51.4% 的历史最高位。高储蓄带来高投资，由于国内消费不足，高投资形成的过剩产能只能通过对外出口释放，由此导致不断扩大的贸易顺差，经济对外需依赖程度不断加强。

其次，我国收入分配格局不合理制约了居民消费能力。2003 年以来，政府财政收入增幅远远高于居民人均收入的增幅。从政府、企业和居民三者的收入分配格局看，则表现为政府收入和企业收入增幅过快，居民可支配收入增幅减缓的态势，而居民收入增长率下降的结果是居民消费增长率明显下降。与此同时，国民收入分配中贫富差距和地区差距加大。发改委宏观经济研究院经济形势分析课题组（2003 年）则指出收入差距扩大，财富过度向少数人或少数地区集中，严重阻碍了消费结构升级，使新的热点消费迟迟不能形成，影响了内需扩大。

二、改革开放以来我国外向型经济发展战略导致内外需失衡具有一定的必然性

改革开放以来，我国围绕出口导向经济发展战略进行了一系列政策安排，外贸政策上一直实行奖出限入的政策，外资政策以出口导向为主，以各种优惠政策吸引外商从事出口加工业；在外汇政策上，实行宽进严出。在汇率制度设计上，通过保持人民币汇率稳定在较低水平提高企业出口产品的竞争力等。一系列制度安排引导了国内资源向出口部门配置，导致外需增长过快，经济内外失衡程度加大。

三、我国向市场经济转轨过程中相关体制和机制不健全也是抑制内需的因素之一

首先，社会保障体系不健全是导致居民高储蓄、低边际消费倾向的主要原因。我国向市场经济体制转轨过程中，计划经济时代的社会保障体系被打破，新的适应市场机制的社会保障体系未能及时建立和完善，居民在养老、失业、医疗、教育、住房等方面缺乏基本的社会保障，再加上社会变革中居民对收入前景的预期不确定，导致居民尽可能增加预防性储蓄，边际消费倾向随之降低。

其次，政府职能演变与市场经济要求不同步，政府对经济活动的过度干预强化了投资主导型的经济增长方式。改革开放以来，我国经济增长呈现出政府主导型特征。政府不仅对经济领域进行大量直接干预，而且在提供公共物品方面，过多地向投资品倾斜，忽视了提供公共消费品的职能。尤其是对地方政府来说，官员考核机制促使其积极招商引资，创造条件扩大投资，追求高经济增长的目标，大量低效率投资造成产能过剩，难以形成有效供给。此外，区域经济竞争机制强化了地方政府产业发展职能而弱化了扩大消费需求的功能，以生产型增值税为核心的税收制度抑制了地方政府扩大本地消费需求的积极性等。总的来说，我国政府职能与市场经济要求不适应，转变经济增长方式，扩大国内消费需求的重要前提之一就是必须转变政府职能，构建公共服务型政府。

第三，市场经济体制不完善，以及存在一些不合理制度，一定程度上阻碍了投资引致消费的传导途径。我国市场体制尚

不完善，投融资体制改革尚不到位，信用评级体系建设滞后，消费金融服务难以满足需求；工资定价机制扭曲导致实际工资水平下降①；土地征用与拍卖制度、户籍管理制度等很多制度存在一些不合理因素，都从方方面面影响到居民消费支出的水平和边际消费倾向的提高。

四、从市场因素看，有效供给不足也是影响内需的原因之一

我国消费品市场存在较严重的结构性供应矛盾，也是影响居民消费意愿的重要原因。从 1998 年起，我国经济出现了前所未有的总体上供过于求的局面，国内市场的有效需求明显不足，物价水平持续下降，部分原因在于无效供给大量过剩，而有效供给又不足，难以满足广大消费者需求，经济出现内需不足、结构失衡的现象。

2009 年，受金融危机的影响，我国外需大幅下滑，对经济增长的贡献为负，国内消费对经济增长贡献了 4.6 个百分点，投资贡献了 8 个百分点，呈现出内需拉动的格局。然而，一方面内需的增加主要是依赖于投资尤其是财政投资拉动，尽管金融危机后政府加大了扩大内需的力度，但居民消费不足的格局及动因并未改变，另一方面，为应对危机出台的一系列刺激措施加重了原有的产业过剩，随着政府刺激政策退出，由于国内

---

① 凯恩斯消费函数的含义是"消费函数不是单纯的收入，实际工资水平及所决定的储蓄率、投资率才是决定消费需求的基本因素"。我国由于存在劳动力过剩和劳动力的需求垄断，在缺乏最低工资的法律要求下，实际工资水平并未能随着经济增长而提升，相反，实际工资水平不断下降，从而导致社会总消费需求不足。

消费乏力，过剩产能依然需要依靠国际市场吸收，过度依赖外需的产业结构并未得到改善。可以说，目前内外需失衡的机制和政策并未得到有效矫正。

第四节　我国内外需失衡对经济的影响

一、导致国内经济结构失衡，经济可持续发展面临挑战

我国经济是一个大国经济，内需应是经济增长的主导力量。外需快速增长意味着大量社会资源集中在贸易部门，这些外向型企业在资源配置上的优惠挤占了内向型企业的生存空间，使经济结构失衡加剧，不利于实现经济增长向内需主导型模式转变。如果我国长期依赖外部需求来拉动经济增长、创造就业，可能会进一步加剧贸易摩擦，逐渐丧失经济发展的主动权，而且国际市场容量有限，远不足以支持我国这种大经济体的发展。

二、过快增长的外需已使我国经济发展面临很多困境

首先，外汇储备激增，使对冲过多的流动性成为货币政策的主要任务，削弱了央行货币政策的独立性和有效性。近年来，外汇占款引发了巨额的基础货币投放，央行的"对冲"操作已显得力不从心。一方面，"对冲"规模激增会导致市场利率上升，在人民币存在很强的升值预期下，外汇会大量流入，抵消了"对冲"的政策效果。另一方面，外汇储备激增导致人民币升值预期加大，又限制了利率调控手段的作用空间。

其次，加大了外汇储备的管理难度。据估计，我国的外汇

储备 70% 以上是美元资产，其中美国国债及政府机构债约占 70%。美国国债及政府机构债务是具备安全性、流动性、盈利性的投资产品。从中长期看，美元对欧元、日元等主要货币呈贬值趋势。市场对包括我国在内的亚洲央行对美国国债的操作极为敏感。如减持美国国债将引起国债价格下跌，反过来使得我国的美元资产贬值。随着全球经济失衡的发展，此类问题很容易引发国际矛盾和冲突。

第三，使我国以低效率方式参与国际资本循环。中国参与国际资本循环存在这样一种方式：国内储蓄首先通过贸易顺差流向国外，相应在国内积累起大量外汇储备；外汇储备投向美国金融市场，购买美国国债等低收益债券，为美国提供廉价的富有流动性的资本供美国消费和投资，同时中国通过各种渠道从国际金融市场引进高成本的外商直接投资。在这一过程中，我国未能有效利用资金，反而将很多利益向国外输送，形成对外国消费者和投资者的补贴。

第四，威胁我国价格体系的稳定。国际收支双顺差成为国内流动性过剩的重要原因，流动性过剩对经济稳定发展特别是价格体系稳定具有越来越严重的负面效应，是导致近年股市、房地产等资产价格大幅上升的一个重要原因，并使我国经济出现滞胀的风险加大。

三、造成国民经济福利的损失

一是在人民币汇率低估的情况下，我国出口产品价格被低估，进口产品价格被高估，国内要用较多的资源才能换取国外产品。二是从我国贸易结构看，货物贸易以发展资源密集型和劳动密集型的加工贸易为主，片面追求出口造成了资源消耗浪费、产业结构落后、生态环境破坏等诸多问题，不利于我国经济结构的调整和经济可持续发展。三是高额外汇储备反映长期以来以偏低的币值补贴出口所牺牲的经济福利。

四、给宏观调控带来挑战

近年来，我国外需快速增长带来了大量顺差。顺差国也会面临货币危机、债务危机。国家外汇管理局综合司副司长管涛（2006 年）认为，顺差大量流入时，货币当局为了固定汇率，大量投入基础货币收购外汇，造成市场流动性过剩，有的地方加剧通货膨胀，有的地方引发资产价格泡沫，有的地方则引起产能过剩，这些都将在总量上给宏观调控带来挑战。而如果债务性的资本流入过多，就可能埋下债务危机的隐患。

第五节 坚持扩大内需，促进形成内外需协调增长机制的思路

一、原则

扩大内需是我国经济社会发展的长期目标，从扩大内需到转变为内需主导的经济增长模式是一个长期过程，应逐步推进，不应依赖于相机抉择的宏观调控政策；扩大内需要基于中国国情，要统筹考虑中国的发展阶段、国际环境、国内资源能源约束、人口状况、地区差距、社会心态等一系列因素，不能单纯地以发达国家及其他一些发展中国家的某些数据为标准；扩大

内需不等于压制外需，应转变外贸增长方式，完善市场机制，推动外需合理增长。

二、扩大内需的思路

（一）改变国民收入初次分配格局，提高居民在国民收入初次分配中的比重，提高居民的消费率

制定"国民收入倍增计划"，使居民收入提高与经济增长同步；制定最低工资标准（包括最低月收入及最低小时工资），并制定工资增长指导线；进一步提高个人所得税起征点，提高中等收入群体购买力；统一和完善公务员职级工资制度，推进国家公职人员福利待遇货币化；建立和完善个人所得税的退税机制，使税收返还成为重要的财政激励手段。

（二）加大国民收入再分配对社会保障体系的投入力度，提高居民的消费倾向

增加旨在完善社会保障体系、医疗体系以及教育体系的公共支出，构建经济增长的安全网，降低居民对未来的不确定性的担忧，从而降低储蓄。目前看，可以分几个层次推进社会保障体系的完善：首先，针对六十岁以上老人，应建设覆盖城乡的最低生活保障，可参考其他国家食品篮子的方式①，对六十岁以上所有老人提供生活保障。其次，建设覆盖城乡的"基本医疗体系"，同时推出一些"卫生计划"作为补充，如巴西卫生计

---

① 巴西 2006 年的基本家庭食品篮（政府为低收入者专供的价格低廉的一揽子日常生活食品）内有 10 公斤大米、5 公斤黑豆（巴西人的主食兼副食）、4 公斤牛肉、2 公斤面粉、10 升牛奶和咖啡等饮料，基本够 4 口之家一月食用。

划就有 4 种类型，即医药计划、医疗合作社、自我管理卫生计划和医疗保险。第三，加大教育体系中针对个人的公共支出，如学生助学金计划、午餐补助、营养补助、就业培训补助等等。第四，增加廉租房供应。

（三）千方百计提高农民收入

通过财政补贴和市场化手段结合的方式支持农业生产；尽快按市场化原则改革城乡土地管理与征用制度，保障农民在土地流转中的利益；完善金融支农机制，建立私人资本、外资等多种所有制金融组织服务于"三农"；加快农村城镇化进程和大城市周边卫星城建设，提高吸纳农村剩余劳动力的能力；增加对农村消费领域的公共品投入。

（四）转变政府职能

政府应加大对公共产品的投资，逐渐从投资型的经济主导型政府向公共服务型政府转变。进一步落实科学的地方政府政绩评估体系，改变地方政府过于追求当期经济效益的短视行为。逐步理顺中央和地方在财税、金融、投资和社会保障等领域的分工和职责。推进全民信用建设，加大对就业培训的支持力度，扶持私人培训机构的发展。

（五）保持合理的投资增长速度

我国正处于工业化、城市化进程中，合理的投资增长速度是经济持续发展的保证。在减少政府在经济领域投资的同时，提高私人投资的比重和效率。通过规范市场秩序，完善政策体系，推进投融资体制、财税体制等各项改革，打破行业垄断，扩大私人投资领域，为私人投资创造市场化环境，使私人投资成为社会经济的投资主体，提高整体社会效率。目前应适当扩大私人对金融领域的投资。

（六）转变贸易增长方式，推动外需健康持续发展

取消鼓励出口导向的优惠政策，推动加工贸易的转型升级，提高出口产品附加值，在出口增长的情况下，鼓励进口尤其是能源、资源及专利技术的进口；提高利用外资的质量，使外商直接投资能够为我国的技术创新、环境保护和资源节约做出积极贡献。

在扩大国内需求过程中，还应注意以下方面问题：一是要考虑中国资源状况，实事求是推进小康社会建设。扩大内需要考虑中国资源环境的承载能力，推进小康建设要考虑中国国情，坚持科学发展观，不能简单地进行国际比较。衣食住行的物质消费及音乐体美等精神消费都应体现环保和资源节约的理念。二是全民社会保障范围要与经济实力相适应，充分预测经济可持续发展的潜力和财政收入的可持续性，循序渐进地扩大全民社会保障的广度和深度，健全社保基金的收支结构，使经济福利的全民共享与经济增长能够做到良性同步。

第十三章
支持中小企业实施
"走出去"战略的政策探讨

经过30年的改革开放，我国的经济发展和对外开放已进入新阶段，对外开放的内涵和边界已发生变化，企业"走出去"对外投资出于多种考虑，但无论是能矿资源投资，还是通过并购扩建全球营销网络、到海外建立加工组装基地提高产品竞争力以及通过到发达国家投资谋求技术和研发能力的提高等，都是新形势下我国参与全球化的重要方式，是整合全球资源、充分利用国外市场和资源以保障我国经济长远稳定持续发展的必然需求。企业作为微观主体，是实现国家战略目标的重要载体，对于符合国家利益的境外投资，应该予以大力支持。

目前看，我国能矿资源领域的对外投资发展很快，投资主体都是国有大型企业，它们是目前政策和财力支持的重点。然而，从长期看，中小企业应该是对外投资的主体，应该是政府支持的重点，本章正是针对当前中小企业对外投资面临的突出问题，探讨如何通过恰当的政策支持降低中小企业的对外投资风险。

第一节 支持中小企业实施"走出去"
战略的必要性

一、从企业角度看,"走出去"是中小企业拓展发展空间、增强竞争力、谋求生存壮大的重要途径之一

改革开放 30 年来,我国主要以承接国际产业转移为主参与全球分工,大量中小企业成为相关产业链条的主要载体,为全球市场需求提供服务。在这个过程中,部分企业出于各种动机如拓展海外市场、寻求资源保障、获取高端技术等等已经陆续走出国门对外投资,但总体来说,中小企业"走出去"仍处于初级阶段。

金融危机后,国际国内环境都将发生较大变化,从国际环境看,经济全球化进程不会因金融危机而中断,国际分工协作仍将广泛而深入地发展,企业国际竞争将更加激烈,开拓国际市场、开展跨国经营将成为各国企业谋求更大发展的必由之路。从国内环境看,我国融入国际分工体系的步伐也会加快,但是融入方式将发生转变;在承接更高层次产业国际转移国内的同时,将促使国内成熟产业向外转移,尤其是高度依赖外需的具有同质结构的大量中小企业面临重新布局的压力,"走出去"开展跨国经营和海外投资就成为中小企业顺应潮流、迎接挑战的必然结果。此外,经过 30 年的改革开放,我国一些企业已经积累了对外投资的实力,随着我国中小企业主动融入国际市场,将有利于企业拓展发展空间、增强核心竞争力,以求得生存、发展和壮大。

二、从宏观层面看，中小企业"走出去"战略是我国对外开放战略的重要组成部分，中小企业对外投资符合我国转变经济增长方式、促进国际收支平衡的长期战略取向

金融危机后，我国经济发展和对外开放都将进入新阶段。一方面，经济增长将更加依赖内需，从而促使原有的产业结构加快调整，部分以外需为主的企业面临重新布局的挑战。另一方面，随着我国对资本流动的管理由"宽进严出"向"平衡资本流入和资本流出"的转变，国家对海外投资战略的重视，企业实施"走出去"战略的政策环境将越来越宽松。企业"走出去"对外投资，不仅能够为国家稳定持续发展寻求资源能源保障，还可以将一些过剩的生产能力转移出去，从而促进国内产业结构调整和优化，降低对外需的依赖；此外，通过对外投资可以使国家资本流出由目前的"官方资本流出"为主逐渐转变为"私人资本流出"为主，从而提高资本利用效率，促进国际收支平衡。可以预见，危机后我国企业"走出去"对外投资将进入一个快速发展的新时期，中小企业将作为对外投资的一支重要力量，成为实现国家对外开放战略的重要载体。

三、从国际经验来看，企业对外投资离不开政府支持，建立完善的海外投资服务体系是中小企业实施"走出去"战略的重要保障

以美国、日本、德国、新加坡和韩国为例，各国政府都对企业境外投资提供多种方式的支持，包括政府设立专门机构为企业海外投资提供信息咨询与技术援助、政府针对中小企业提供专门的融资服务、对企业海外投资提供完善的风险担保、为企业海外投资提供优惠贷款、为海外投资相关活动提供直接资金补助、设立政府投资公司进行海外投资、税收优惠政策等等。可见，帮助企业提高国际竞争力、占领国外市场、谋取海外资源和能源、保障经济持续发展的能力是各国政府支持企业境外投资的核心内容。同样道理，在当今竞争日趋激烈的环境中，我国企业若想走出去立住脚，没有政府的强有力支持是难以做到的。

第二节　中小企业实施"走出去"战略面临的主要障碍

一、信息不充分使企业难以对海外投资风险进行全面准确的评估，致使投资决策呈现出一定的盲目性，成为企业对外投资受损的首要原因

投资必然有风险，如何规避风险则取决于对风险的准确把握。一般来说，企业了解东道国的投资环境可通过以下五条途径：一是我国政府和民间组织的信息服务；二是东道国政府相关机构发布的信息；三是在东道国先行投资的我国企业的经验；四是企业自身进行的市场调研；五是聘请东道国的中介机构提供咨询服务。对广大的中小企业来说，我国政府、民间组织和东道国政府提供的信息往往侧重于有关投资的法律法规等，属于宏观层面，比较完整，但缺乏深入和细致的内容，在操作性上不好把握；而与在东道国先行投资的我国企业的沟通渠道不畅通，没有足够的社会关系能够从那里获取充足的信息；至于企业自身进行市场调研或聘请当地服务中介，虽然是最有效的信息获取方式，但对于广大中小企业而言，又缺乏足够的经济实力。这就在很大程度上制约了中小企业获取微观信息的能力，使得我国许多中小企业进行海外投资决策时缺乏充分的信息支撑，要么盲目投资要么举步不前。

二、中小企业"融资难"而对外投资"融资更难"是阻碍中小企业走出去并健康发展的主要问题

中小企业在走出去的过程中，不仅在投资实施阶段需要大量的资金，而且在投资运营阶段，更需要稳定而充足的营运资金以应付企业的各种日常开销，保持比较充足的流动性。然而，我国中小企业在"走出去"的过程中普遍感到资金不足，而中小企业的融资能力又受到很大限制，这成为中小企业走出去面临的主要问题。

企业对外投资的资金来源主要有五个渠道：自有资金融资、母国银行贷款、母国直接融资、东道国融资以及国际市场融资。对于中小企业而言，由于规模小、经营时间不长、信誉不足，在东道国融资和在国际市场融资几乎是不可能的。母国银行贷款方面，中小企业本身信誉度不高，而银行和保险机构等对海外投资项目更不熟悉，对向中小企业的贷款更加谨慎。母国直接融资方面，中小企业要想通过证券市场直接融资，要面临上市审批比较高的门槛。虽然中小企业板对于解决中小企业直接融资难的问题起到了一定的作用，但对于数量庞大的中小企业而言，中小企业板也只能照顾到中小企业中实力比较雄厚的"大企业"，作用只能是杯水车薪。因此，中小企业在走出去时，

大多数倾向于通过自有资金融资，这大大限制了中小企业走出去的投资和运营能力。

三、国内相关政策在具体实施中不协调、不顺畅一定程度上制约了企业对外投资的积极性和效率

由于海外投资在中国还是比较新的事物，历史很短，中国政府对企业走出去的指导有限，法规正在建立，但大部分是原则性的东西，配套细化的指导不够，在法律、税收、金融融资方面更是欠缺。

2006年以来，国家加大了推动"走出去"战略实施的政策支持力度，相关部委如商务部、外管局、发改委等亦纷纷出台职责范围内的支持政策。但是，这些政策在具体落实过程中缺乏协调，具体执行部门并没有提供相应的便利。以审批程序为例，目前国家对在境外设立投资企业的审批手续繁杂，审批由商务、外汇、金融、税收、海关等多个主管部门负责，要想办成一件事，需要许多部门的审查和批准。企业在办理过程中需要花费较多的时间和精力，在商机稍纵即逝的今天，这种程序上的折腾往往延误企业的投资机会，使得不少企业只有选择冒险，边干边申请。

外汇管理上也存在同样问题，尽管国家对外汇管理的宏观政策有比较大的改变，取消了境外投资风险审查，简化了外汇资金来源审查制度，取消了境外投资汇回利润保证金制度，取消了境外投资购汇额度限制，下放了审批权限，允许境外企业产生的利润用于境外企业的增资或在境外再投资，以及出台了其它一些放宽管制的政策。然而，在实际操作中，有的地方外

汇管理部门往往因为非关键性的因素比如报告请示的用语等让企业反复修改，对所涉及的有关问题也常常不是一次性更正，使企业在办理有关报批手续时浪费了很多时间。

第三节　支持中小企业实施"走出去"战略的原则及重点

一、原则

首先，正确定位企业和政府在"走出去"过程中的地位和作用。虽然我国政府将"走出去"上升为国家战略，但"走出去"本身是企业在逐利动机下自发的选择，政府并不是"走出去"的主体，这就意味着政府不应该成为应对风险的主体。因此，政府需要做的，是为企业应对风险创造良好的条件，做好企业"走出去"的服务后台，同时减少施加给企业的不必要的制约因素，而不是越俎代庖，替企业完成应对风险的工作。

其次，要支持有实力的企业"走出去"。海外投资风险远远高于国内投资，如果企业本身实力不强，应对风险的能力就比较弱，即使借助政府的力量勉强"走出去"，在外稳定经营的可能性也比较小。这就意味着要客观评估当前我国中小企业跨国经营的实力和意愿，稳步推动中小企业走出去，这将是一个长期过程，不能局限于短期效果。

二、重点

支持企业对外投资需要准确寻找着力点，避免泛泛空洞的支持导致徒有其表却没有实际效果，耗费国家资源。企业"走出去"面临的困难和风险很多，其中很多问题属于企业经营中正常的商业风险，需要依靠企业自身的资源和能力予以解决。国家的支持需要找准着力点，从当前的现实出发，急需解决的核心问题应包括四个方面：一是健全法律体系，加强宏观管理政策的协调和具体实施；二是整合资源，构建支持中小企业"走出去"的集中服务平台（体系），为企业寻求支持提供便利；三是加强多样化、实用性强的信息服务功能；四是提供金融支持，部分解决企业融资难问题。

第四节　支持中小企业实施"走出去"战略的具体建议

一、从国家政策层面，要加快涉外投资法律体系建设，协调落实支持"走出去"的各项宏观管理政策

（一）尽快出台《海外投资法》，建立健全支持企业海外投资的法律体系

目前我国海外投资的管理主要依赖于有关主管部门出台的一系列政策和条例，尽管这些政策和条例起了重要作用，但由于没有上升到立法高度，缺乏系统性、长期性和稳定性，政出多门使实际操作中效率较低，企业应该享受到的优惠大打折扣，从而制约了海外投资的进一步发展。应当尽快出台《海外投资法》等有关法律，将现有的政策和条例纳入法制化轨道，增加透明度，规范和促进我国企业的境外投资。

（二）加快完善海外投资保险制度，分散和化解企业对外投资风险

海外投资保险制度是对外投资风险保护体系的重要组成部分，从国际经验看，海外投资保险制度亦是政府支持企业境外投资的最重要的手段。目前，我国海外投资保险尚处于起步阶段，远远不能适应企业海外投资的需求，在合格投保人、合格东道国、支持项目等重大问题上缺乏一套依法运作的机制。我们可以考虑建立涵盖政治风险担保、专项担保（如针对某些矿产资源的开发进口）的海外投资保险制度，与国内相关法律做好衔接，特别是要突出对中小企业的关注和支持，注重与中小企业信用保证制度相结合。

（三）协调落实各项宏观支持政策，加快制定实施细则

近年来，尤其是金融危机以来，政府加大了对企业"走出去"的政策支持力度，对中小企业的重视程度也大大加强。相关职能部门纷纷出台针对企业对外投资跨国经营的支持政策，如发改委提出，国家将从完善政策环境（如制定相关规划和产业国别导向政策，使中国的对外投资与国内产业结构调整优化相互衔接）、培育市场主体（包括既鼓励大型企业走出去，同时也支持有条件的中小企业开展对外投资）、鼓励企业依法经营、加强政府间国际合作（包括政府间的双边、多边投资合作促进机制，与相关国家签订双边投资保护协定等）四方面支持中国企业对外投资，开展跨国经营[①]。商务部则提出六大举措鼓励中

[①] 国家发改委副主任张晓强 2009 年 11 月 29 日 "中国论坛：实现可持续增长——融资和投资机遇"发言。

国企业对外投资①，具体包括：发布并实施了新的《境外投资管理办法》、会同有关部门制定了多项支持政策、健全服务体系、加强人才培训、构筑安全保障体系、加大投资促进力度。工业和信息化部也出台了一些具体政策②，帮助中小企业开拓国际市场，包括设立中小企业国际市场开拓资金，为中小企业搭建"合作、交流、展示和交易"的平台等。

各项支持政策的出台无疑有利于优化企业的政策环境，但是，由于政出多门再加上大多数政策原则性较强，缺乏实施细则，使企业寻求政策支持的便利性大打折扣。因此，一方面各部门需要整合协调各项优惠政策，尽快制定实施细则；另一方面，当务之急并不是大量推出原则性的优惠政策，而是尽快减少已有政策实施过程中对企业的约束。最首要的就是精简审批内容，减少审批程序，为资金流、物流和人员流动提供便利，提高企业对外投资的效率。

二、从具体操作层面看，要整合资源，为企业"走出去"提供便利、全面、系统的信息服务和有效的金融支持

（一）在体系建设方面整合资源，建立有效运转的中小企业"走出去"投资服务体系

目前，为中小企业提供咨询服务的机构比较分散，降低了企业获取服务的便利性。应整合资源，建立一个集中服务平台。加强行业协会建设，培养有实力的海外投资咨询、中介服务公

---

① 来自商务部网站，2009 年 11 月 4 日。
② 来源：中央政府门户网站，2009 年 09 月 03 日。

司。构建海外投资服务体系，包括政府服务中心、行业协会、非盈利机构、商业性专业咨询中介（提供盈利性服务）四个层次。其中，政府服务中心应具有与各职能部门协商的权力，要与驻外经商参处、驻外投资促进机构及国外政府投资服务机构保持联系，其提供的服务包括全面政策咨询、海外投资环境评估、金融支持、国际合作、专项培训、企业间交流合作等，同时与各行业协会（包括在国外的行业协会）、国内非盈利机构及商业服务机构保持合作与交流。通过这四个层次的合作，可以为企业走出去提供便利、全面和系统的信息服务。

（二）针对企业需求，提供实用性强、针对性强的服务

首先是加强信息服务。加快建立健全信息服务体系，建立以政府服务为基础、中介机构和企业充分参与的信息网络；加强对重点国家和地区市场环境、投资环境的分析研究，为企业提供准确、及时的投资环境和市场信息服务；及时通过网站发布政策、国别调研、项目情况等信息；在信息平台的基础上形成一个与全球企业、境外政府、行业组织间互动的三维立体式网络体系，使中小企业可以通过平台进行产品展示、商贸洽谈、技术交流、市场开拓、管理咨询、资金融通、人力资源合作等，真正实现中小企业国际间合作，多方面多渠道地利用全球资源。其次，围绕涉外投资的不同主体，通过论坛、会议、培训、实地考察等帮助有实力"走出去"的企业规避风险。最后，加强与国外政府和投资促进机构的合作，帮助企业寻求当地政府的支持。如在美国，联邦政府有特别的预算帮助中小企业，只要在当地注册，是中小企业就可以拿到合约，尤其是在科技、环保和工程方面。州政府也非常欢迎中小企业投资，尤其一些经济落后的地区，州政府希望借助中小企业投资，帮助当地发展就业的机会。

（三）通过多种渠道，协助企业获得金融支持。鉴于我国对外投资正处于起步阶段，政府的金融支持将成为推动企业对外投资最直接有效的手段之一。可以考虑通过以下途径提供金融支持

一是建立"中小企业走出去扶持基金"。首先，该基金主要是通过提供担保，协助真正有实力的中小企业获取政策性银行及商业银行贷款，这将是解决中小企业"融资难"的长期手段。以日本为例，为了向中小企业提供长期的、低利率的资金，日本建立了日本小企业金融公库（JASME），国家生活金融公库（NLFC）和商工中金银行（Shoko Chukin Bank）等机构。这些金融机构对中小企业的资金支持涵盖了中小企业业务的各个方面，其中也包括对中小企业开拓国际市场的支持。但是，中小企业直接从这些机构获得的贷款实际上只占中小企业借款的10%，其余90%都是从私营金融机构获得的。但是私营金融机构的贷款是获得了担保支持的。也就是说，这些机构通过为私营金融机构的贷款提供担保或为担保机构提供保险，由担保机构为私营金融机构的贷款提供担保的形式，帮助中小企业从私营银行获得贷款以解决资金困难。同样在韩国，政府对中小企业的金融支持也是主要采用通过提供担保使企业获得商业贷款的方式。其次，该基金可拨出少量经费为企业的一些调研活动、国际投标、海外市场开发活动等提供补贴，受资助的投资者在投资项目实现后要偿还。

二是设立"中小企业海外投资专项基金"，该基金可通过设立贷款基准，针对中小企业不同投资阶段，提供有差别利率的优惠贷款。投资初期阶段可以考虑提供无息贷款，当企业已进入赢利阶段，对企业用于扩大生产规模、提高技术投入等方面所需外汇贷款可以考虑逐步提高利率，但仍应低于市场利率。此外，该基金也可通过股权投资的方式，先持有本国海外投资企业的少数股权，一旦该企业经营步入正轨，就将所持的股权转让给其他的投资伙伴，包括吸引民间资本跟进。

三是鼓励银行等金融机构走出去，在东道国开办分支机构，为中小企业在东道国融资提供便利。

三、从企业层面看，应通过科学决策和管理、本着互利共赢的原则，规避风险、谋求持续稳定的发展

首先，企业对外投资决策应建立在充分信息调研基础上，通过科学决策规避投资风险。通过充分的信息调研，对项目可行性进行全面的调研和论证是投资项目获取成功的必要前提。企业不能吝啬在信息调研上的花费，对搜集信息要作必要的投入。最好能通过东道国的中介机构，对投资项目本身的市场前景、当地的投资法规、劳动法规、销售体制、金融市场、进出口管理、宏观经济走势等进行充分的论证，从而做出科学的投资决策和战略规划，降低和规避投资风险。

其次，在项目运作过程中，要建立完善的内部风险控制体系。企业对外直接投资必然面临各种各样的风险，但风险具有可识别性和可控性的特点，而且风险程度是动态的、有时会相互转化。因此，在对外投资的整个过程中，企业建立涵盖对投资项目立项、评估、决策、实施、检察等内容的内部风险控制体系是防范和规避投资风险的最核心的手段。

最后，企业对外投资要坚持互利共赢、优势互补、共同发展的主导原则。企业不仅要考虑自身的利益，在投资时，也要考虑投资地利益，要注重保护当地的生活环境，为当地增加就业，尊重当地的人文宗教，在条件许可情况下积极参与慈善事业，在投资国树立具有社会责任感的良好形象，这对于企业长远发展和壮大是非常重要的。

第十四章
中国推动多边贸易体制的
战略对策

第一节　多边贸易谈判的焦点、重大
分歧及中国的立场

一、焦点

最新一轮多边贸易谈判即多哈回合谈判自 2002 年 1 月启动以来，2006 年和 2008 年两度中止，2009 年 9 月再次重新启动。回顾 8 年的谈判进程可以看出：多哈回合谈判的焦点始终集中在农业国内支持、农产品市场准入和非农产品市场准入（NAMA）上，发展中国家要求发达国家减少直至取消扭曲国际贸易的农产品补贴、降低农产品关税，发达国家则要求发展中国家降低农产品和非农产品进口关税，并在一些关键部门进行谈判。这三个议题相互牵制，发展中国家和发达国家在削减关税和补贴模式、敏感产品市场准入、特殊保障机制、部门谈判等方面存在重大分歧，导致多哈回合谈判迟迟难以完成。

二、主要分歧及中国立场

多哈回合谈判启动之初，将农业、非农产品和服务贸易列为核心议题，2005 年香港部长宣言将农业和非农产品列为优先谈判议题，由于农业、非农产品的谈判一直存在重大争议，影响了服务贸易谈判及其它议题的谈判进展。因此，多哈回合经过数轮长达近 8 年（2002 年—2009 年）的谈判后，目前的主要分歧依然集中在农业和非农产品议题上，具体为：

（一）特殊保障机制争议

2008 年 7 月，WTO 召开小型部长会议，希望以"拉米方案"为基础，推动核心谈判成员（即包括美国、欧盟、日本、澳大利亚、中国、印度和巴西的谈判"七方"）就农业与非农产品两大核心议题的谈判方式达成共识，同时亦讨论未来推进服务业、规则及知识产权等领域谈判的适用模式。然而，成员国对农产品特殊保障机制触发条件的巨大分歧直接终结了这次谈判，以至于像分歧较大的棉花议题尚未进行讨论便搁置了。

关于特保触发机制的条件，发达国家与发展中国家产生了严重对立：发达国家认为，发展中国家只有在某产品的进口量激增超过 40% 时，才能对之加征最高超过现有约束水平 15% 的关税作为补偿，并且每年只能对占总体关税税号 2.5% 的农产品启动该机制。包括中国和印度在内的大多数发展中国家坚决反对，要求应允许占关税总税号 7% 的产品在进口数量上升 10% 时就可加征 30% 的关税。双方提议存在严重分歧。此外，在农产品特保机制方面，发展中国家之间也存在一些分歧，像巴拉圭、乌拉圭等农产品出口国就反对降低特保触发水平，担心其出口会受到打击。

（二）部门谈判争议

由于非农产品市场准入谈判中的最核心的部分即降税模式尚未确定（根据拉米的会议总结，农产品市场准入模式已取得重大进展，谈判各方在原则以及操作模式上的立场正逐步趋同），谈判各方在非农产品的争论还处于热身阶段。因此，非农产品的分歧目前主要集中在部门谈判方面。部门谈判是多哈回合谈判非农产品市场进入中，除了降税模式之外另一重要议题，其特点是会员国可自由选择是否加入某一特定部门的谈判。以美国为首的发达国家急于在非农产品市场准入方面取得进展，补偿他们在农产品协议中的让步，认为发展中大国如中国、印度、巴西应该积极参与部门谈判，但遭到这些国家反对，因为《香港宣言》已明确部门谈判要基于自愿。此外，中国、印度与巴西坚持降税模式确立后，同时发展中国家的敏感性产品获得足够的弹性保护后，再进行部门谈判，而美国则坚持部门谈判与降税模式一并考虑。

（三）棉花议题的争议

农业议题是多哈回合谈判的核心问题，而棉花问题又是农业议题中率先考虑的重点，正如 WTO 总干事拉米所说"如果棉花问题不能取得成功，那么多哈回合将失去意义"[①]。美国是全球最大的棉花补贴国家，所以美国与非洲主要产棉国是棉花谈

---

① 引自 2007 年 3 月，拉米在棉花高级别会上的讲话。

判的核心国家。随着 2004 年 6 月 18 日 WTO 争端解决机构在
"巴西诉美国高地棉花补贴案"中裁定美国棉花补贴违反了
WTO 规则，美国的态度开始转变，就取消棉花出口补贴做出让
步，但美国坚持棉花谈判协议的落实要与农产品谈判协议同时
启动。在大幅度削减国内棉花支持方面，美国要求其他国家应
承担削减关税的义务。美国曾经表示，除非其它国家尤其是中
国降低棉花关税，否则美国不会按照非洲国家的要求削减棉花
补贴。中国拒绝了美国对中国开放棉花市场的要求，指出美国
的棉花补贴是非法的，美国必须先削减补贴，才有资格跟发展
中国家讨论关税削减问题。

除上述三大争议以外，中国坚持棉花、蔗糖、稻米列为
"敏感产品"，美国对此大加指责。

第二节　未来多哈回哈谈判的主要任务及
中国的谈判策略

2009 年 9 月中旬，多哈回合谈判在日内瓦重新启动，并提
出 2010 年争取完成谈判的目标。从前期谈判情况和目前形势
看，谈判将主要集中在农业的特殊保障机制、非农产品市场准
入及部门谈判和服务贸易。中国在坚持以 2008 年 12 月主席案文
（拉米方案）为谈判基础的前提下，谈判策略可围绕以下思路：

一、农产品

首先需要解决在农产品特殊保障机制上的分歧。由于中国
在加入 WTO 时已取消了所有农产品的出口补贴，国内支持也非

常少，所以在多哈谈判中不承担削减义务。中国农产品平均关税在加入 WTO 时已由 54% 下降到 15.2%，如果按照"拉米方案"进行削减的话，中国农产品的平均关税将降至 10%，无法对农产品进行保护。与此同时，印度农产品的关税仍远远高于中国（大概估算为 120%）。因此，中国农产品比印度更需要依靠特殊保障机制（SSM）。事实上，当今很多国家都运用特殊保障机制保护农产品。有专家指出①：目前全球约有 6156 个税种的农产品实施 SSM，其中发达国家占多数，最多的是瑞士和列支敦士登，有 900 多种农产品实施 SSM，其次是挪威，对 580 多种农产品实施 SSM，第三个是欧盟，530 多种。再下面的才是发展中国家墨西哥，对 290 多项农产品实施特殊保障措施。也就是说实施特殊保障措施项目最多的是发达国家，特别是欧洲的发达国家，发展中国家实施的反而少一些。

　　由于上次谈判分歧巨大，部分发展中国家意见也不一致，鉴于中国实际上对 SSM 存在较大的利益诉求，应积极协调和斡旋。可以考虑按照以下思路协调：一是 SSM 的触发水平，可以在发达国家提出的 40% 和发展中国家提出的 10% 之间折衷，采取循序渐进的模式增大发展中国家保护市场的弹性。如协议签订后前几年触发水平为 10% 或以上，最后逐步过渡到 40% 或以下。二是使用 SSM 的产品数量和加征关税的水平。可以在数量和水平之间形成一定的替代关系。我国是农业大国，农产品供给丰富，应更注重于 SSM 能覆盖更多的产品种类，因此，我国应在适用 SSM 的产品数量上努力争取覆盖占关税税号 7% 的产

---

① 梅新育："多哈回合再次失败后的中国选择"，《新闻晨报》，2008 – 07 – 31。

品（即2008年7月时大多数发展中成员提出），而不是美国支持的2.5%。至于加征关税是30%还是15%，可以适度让步，同时建议仍使用逐年过渡的模式。

二、非农产品

非农产品未来的谈判焦点主要有两个：一是降税模式的确定。虽然前期谈判对采用非线性公式（即瑞士公式）降税的模式基本达成共识，但是决定降税公式的系数值，即系数的多少与大小、差距仍在讨论中。由于资源秉赋及产业结构差异很大，发展中国家的利益分歧较多，如最不发达经济体国内工业尚处于萌芽阶段，对非农产品的市场采取守势，印度、巴西等考虑其非农产品出口能力不足，担心难以充分获取市场开放的商机及利益，对大幅削减关税持保留态度。中国因加入WTO已经大规模削减关税，现在平均关税水平是8.9%，即使按照瑞士公式削减，中国的关税水平会降到6%。如果其他高关税国家能够通过削减关税实质性地扩大市场准入，则作为工业制成品出口大国的中国无疑是主要的受益者之一。因此，仅就NAMA谈判看，中国的利益与发达国家是一致的。二是部门谈判。由于降税带来的市场开放收益与预期存在差距，美国极力要求中国、印度和巴西等主要发展中大国参与部门谈判。当前我国立场是坚持部门谈判应自愿，而且应在农业和非农产品达成协议的前提下再协商。

在NAMA谈判中，中国首先应积极促使减税公式的达成，实质性地扩大市场准入。中国是贸易大国，本身关税已很低，全球非农产品关税的实质削减必然会增进中国的整体利益。其次，有关部门谈判问题，该议题可以推迟到农业和非农产品达成协议后再谈判，如果这样，估计在期望 2010 年结束的多哈回合的框架下不会取得太大进展。事实上，在部门谈判问题上，如果在多边体制内能够推动与印度、巴西等其他发展中大国共同与发达国家谈判，对中国来说，借助多边贸易外交实现市场多元化应是一个可期待的途径。关键在于评估好中国可以用于交换的利益。

三、服务贸易谈判

前已述及由于香港部长会议宣言将农业和 NAMA 列为优先谈判的议题，所以发展中国一直坚持在农业和 NAMA 议题达成协议后再进行服务贸易谈判。然而，2009 年 11 月，美国贸易代表办公室（Office of The United State Trade Representative，USTR）呼吁先进行服务贸易谈判，并提出一项新的服务贸易谈判领域即资讯科技（ICT）以及绿色服务（Green Services），欧盟已表示赞成，世贸总干事拉米也表示先农业和 NAMA、后服务贸易谈判模式已阻碍了多哈回合谈判的进行，印度则表示服务贸易谈判应与农业和 NAMA 同时进行。鉴于此，预计服务贸易谈判将成为多哈回合谈判的新焦点。很显然，美国等发达国家希望藉服务贸易优势获取多边贸易的收益。发展中国家在服务贸易领域总体处于绝对劣势，因此在服务贸易领域必将存在众多纷争。中国加入 WTO 时对服务贸易开放做出了很高的承诺，近年来在很多服务贸易领域中国已具有较强的国际竞争力。随着中国转变经济增长方式，大力发展服务业成为重要手段。然而，我国服务业总体发展水平较低，存在着众多的制度障碍，通过开放促进改革是我国促进产业结构升级、大力发展服务业、扩大内需的需求。因此，我国应该高度重视服务贸易谈判，从国家服务业发展布局出发，给出服务业的要价－出价。

第三节　从多哈回合谈判看当前多边贸易体制面临的挑战

多哈回合谈判已历经 8 年却迟迟未能达成协议，甚至两度中止谈判，显示出现行国际贸易规则协调多边利益上的局限和力不从心，多边贸易体制面临巨大挑战。究其原因，主要包括以下方面：

一、从表面看，多哈回合一再受挫的主要原因是由于议题过于宽泛、谈判成员多，而 WTO 谈判适用"协商一致"的规则、各国又坚持本位思维，必然导致严重分歧

《多哈回合部长宣言》列出了 18 个谈判议题，包括农业、服务业、非农产品市场准入、与贸易有关的知识产权、贸易与投资关系、贸易与竞争政策互动、政府采购透明度、贸易便利化、WTO 规则、争端解决谅解、贸易与环境、电子商务、小型经济体、贸易债务与金融、贸易与技术转让、技术合作与能力建设、最不发达国家、特殊和差别待遇等，参与谈判的成员国包括 153 个。WTO 谈判采纳"协商一致"原则，即最终决策由所有成员国的代表通过"协商一致"的原则做出。在实际运作中，成员国数目众多，利益诉求千差万别，面对内容宽泛的各项议题协调难度极大。特别是，与 WTO 前面（GATT/关税贸易总协议）八个回合的谈判主要集中在包括降低工业产品关税这些相对单一的议题不同，多哈回合涵盖的议题越来越广泛地影响到成员国的国内政策、发展战略，而发展中国家对于很多议题的前景无法把握，大多采取守势。

表面看，成员国分为发达国家和发展中国家两大阵营，实际上各阵营里也矛盾重重，各国产业结构、比较优势的差异使得利益和矛盾相互交叉，所谓的核心成员国实际上缺乏强有力的协调能力和谈判智慧，在博弈的过程中立足本位思维。有观点指出[①]：无论是发达国家成员还是发展中国家成员在对待全球化和贸易自由化的立场上面都惯性地采取了保护主义的做法，各主要成员在谈判时只顾利益、固执己见、不愿妥协、不做让步，各成员国只想在贸易谈判中获利，却不想以任何一点本国利益作为交换，因此谈判必然失败。朱宇（2007 年，西南财经大学国际商学院）围绕农业谈判构建了一个简单的演化博弈模型，结论是多哈回合谈判的失败根本原因在于谈判各方对农业利益持有零和博弈的观点。

二、从本质上讲，多哈回合受挫的根本原因在于自谈判启动 8 年来，国际贸易格局已发生重大变动、全球治理面临一系列新问题，现行多边贸易体制未能及时调整以适应变化需求

（一）全球贸易格局已发生重大变化，原有谈判规则难以适应

多哈回合启动 8 年来，全球贸易格局已发生重大变化，首

---

①　该观点主要来自一些政府贸易代表和商业评论家。

先是发展中国家在全球贸易中的地位相对快速上升，以中国、印度、巴西和俄罗斯（俄罗斯尚未加入 WTO，正在申请中）为代表的新兴经济体在世界经济中展现出蓬勃的生机和巨大的发展潜力，随着经济实力增强，这些国家开始谋求更多的国际话语权。发达国家的经济地位则相对衰落，像乌拉圭回合之前由发达国家主导谈判的情况已不可能。

由于前八轮谈判的最大受益者是发达国家，所以多哈回合谈判启动后，发展中国家主动参与谈判，在更加关注开放收益与促进发展的前提下，发展中国家组成了不同的利益集团，与发达国家展开了强硬的博弈，农业国内补贴、农产品关税减让和非农产品市场准入"三角议题"爆发了激烈争议。

其次是区域合作的快速发展一定程度上形成了对多边贸易体制的替代，减少了成员国对多边贸易体制的依赖，分散了谈判资源。从协议签署情况看，区域贸易协定与多边贸易体制呈现负相关。近 10 年，区域贸易协定出现 3 次热潮都与多边贸易谈判受挫相关，即 1999 年西雅图会议打算启动"千年回合"失败，2003 年多哈回合坎昆会议失败，最近一次是 2007 年多哈回合中止后。很多研究指出，区域贸易协定为成员国提供了投机机会，削弱了多边谈判的动力。如陈泰锋（清华大学国情研究中心）曾指出：对区域主义的放任导致成员对多边贸易谈判的兴趣下降。

（二）全球治理面临一系列新问题，现行多边贸易体制尚缺乏应对能力，未来多边贸易体制在全球治理范围、公共产品提供等方面面临挑战

近年来，全球治理方面出现一些新问题，其中一些对现行多边贸易体制形成严峻挑战：一是反全球化浪潮逐渐加剧。发展中国家认为发达国家获得了全球化的主要利益，大多数发展中国家成为全球化的输家，与此同时，发达国家中反对全球化的呼声也很强，其理由是全球化带来更多的失业、环境损害等。反全球化一定程度上体现了南北矛盾，一定程度上也部分体现了多边谈判缺乏广泛的民意基础，从而增加了多边贸易谈判的疑虑，给各政府带来了政治等多方面压力。多哈回合谈判的两次失败在某种程度上反映了 WTO 缺乏化解反全球化影响、协调南北矛盾的能力。二是与贸易相关的问题在 WTO 框架下尚未涵盖。比如粮食危机问题、环境问题、如何与 NGO 合作问题等。

第四节　从多哈回合谈判看多边贸易体制的前景及中国的战略

目前看，多哈回合谈判各国依旧意见分歧。尽管 G20 于 2009 年 9 月在美国匹兹堡（Pittsburgh）宣布将尽一切努力于 2010 年前完成 WTO 多哈回合谈判，但随后 10 月 8 日美国、巴西及印度在巴黎举行的会谈显示各国依旧意见分歧。展望未来，多哈回合谈判即使能如期达成协议，谈判结果与各国对开放利益的期望恐怕都会有较大的距离。结果是更多的国家将寻求通过双边和区域协定解决问题，多边贸易体制在全球治理中的地位将受到严峻挑战。

在这种形势下，中国在积极推动多哈回合谈判的前提下，就如何看待和参与多边贸易体制问题可考虑如下：

一、应充分认识到多边贸易体制对中国来说是一个不可替代的经济外交平台，通过多边贸易协议寻求贸易利益对中国来说是最重要也是最有效率的途径

原因是：①对于小经济体来说，产品结构相对单一，其进出口问题能够通过双边协议或区域协议得以解决。但是，中国是一个贸易大国，无论是资源的进口还是制成品的出口，市场遍及全球。显然以 WTO 为平台，通过多边贸易协议来解决贸易问题是最有效率的。②中国在加入 WTO 时所承诺的市场开放程度远高于 WTO 其他发展中成员，尤其服务贸易的承诺更是所有成员中最开放的。应该积极推动多边谈判促使全球总体开放水平的提高，我们的市场开放才能获取应有的收益。③尽管发达国家及发展中国家都在积极参与区域贸易合作，但应该看到，从目前区域合作效益看，贸易创造效应并不突出，原产地规则的繁杂要求降低了企业利用区域贸易协定的热情。随着越来越多的区域贸易协定的交叉，区域合作的成本和冲突会加大，其最终运行的结果恐怕难如人意。

二、要明确未来中国推进多边贸易体制的理念

基于对多边贸易体制对中国重要性的认识，中国要积极参与完善多边贸易规则，推动多边贸易体制的发展。与发达国家主导多边体制的理念不同，中国的理念应围绕"开放和发展"两大主题，以团结发展中国家并涵盖应对全球气候、环境等多方面问题。

三、中国应明确定位在多边贸易体制中的作用，从积极参与到发挥主导作用

作为全球第三大贸易出口国，中国在贸易谈判中"韬光养晦"的外部条件已不存在。金融危机加剧了全球实力对比的变化，新兴国家在全球治理中将扮演更重要的角色，中国经济在世界经济中的影响力决定了中国在全球贸易规则以及其他领域的全球治理上要主动出击，中国必须抓住这个时机，促成旧规则的改良和新规则的制订，促进多边贸易体制更加公平同时也更加开放。

四、努力促进全球共识

通过积极斡旋和各种外交途径，使成员国充分认识到多边贸易体制仍是当前推进全球贸易的最好框架，多边贸易合作是促进全球福利增加的重要因素。多边合作止步将导致更多的贸易摩擦，消耗各国的精力和资源，最终伤及全球经济，所有成员国都会成为输家。

五、积极参与区域贸易合作，谋求政治主动性

由于多边贸易体制进展不顺利，各成员国纷纷转向区域贸易合作，也可以说是抢滩区域贸易合作的阵地。以日本为例，截至 2009 年 11 月底，日本已签署的区域贸易协定（EPA/FTA）包括 10 个国家和 1 个地区（即东盟），正在谈判的 4 个国家和 1 个地区，正在研究的包括 1 个国家（美国）和 4 个地区（EU、ASEAN +6、ASEAN +3、中日韩）。美国也在积极地寻求与东亚

一些国家签署 FTA。事实上，未来贸易竞争可能走向贸易集团之间的博弈，区域合作在特定时期可能成为替代形式主导全球合作。尽管中国的贸易利益应立足于多边体制，但是在区域贸易合作中不能被边缘化。中国要在积极参与区域合作的同时，努力推动区域贸易规则与多边贸易规则的协调和对接。目前看，从政治需要出发，中国要着力于东亚区域合作，从经济利益出发，中国要争取与主要资源国家和主要出口市场签署区域贸易协定。

六、从更开放、更多元的视角，评估多边贸易开放的总体损益，更好地服务于国家产业发展的立体战略

首先应综合考虑开放贸易对不同产业的影响，立足于农业、工业和服务业的立体综合损益而不是单一部门的利益诉求。其次，要考虑通过对外直接投资（ODI）、全球布局获取的贸易利益，要把 ODI 纳入多边谈判利益的评估中。最后，贸易利益应该同时惠及生产者和消费者，并不是仅仅保护生产者。消费者福利的增加也使国家获取利益的表现之一。

第十五章
有关中国国际收支失衡的观点综述

2000 年以后，随着我国"双顺差"规模迅速加大，高额外汇储备对货币政策的掣肘日渐加大。与此同时，国际收支失衡愈加突出，国内外对中国国际收支失衡现象给予高度关注。2006 年促进"国际收支基本平衡"被列入"十一五"时期要努力实现的经济社会发展的主要目标，意味着促进国际收支平衡已成为中国经济政策的重要取向。国际收支相关问题更加成为学者官员的研究热点。随着研究的逐渐深入，目前对中国国际收支失衡的特点、原因以及应对都已形成了很多比较一致的观点和意见，本文主要对这些主流观点进行综述，对从不同视角提出的一些观点也将有所涉及。

第一节　国内专家学者关于国际收支
问题的研究综述

一、有关国际收支的理论研究

对中国国际收支结构较早提出疑问的是社科院的余永定研

究员，其在 1997 年第 10 期《世界经济与政治》发表的"关于外汇储备和国际收支结构的几个问题"一文中，指出中国"双顺差"的国际收支结构有很多不尽合理之处，对不合理的国际收支结构的形成原因及对中国经济造成的负面影响进行了初步探讨。余永定（1997 年）对国际收支的理论分析框架包括两个部分：

第一，通过国民收入核算恒等式推出国内储蓄、投资与外贸收支的关系，进而根据经济发展理论，论证我国作为发展中国家引资格局的不合理性。指出中国作为一个人均收入很低的发展中国家，长期保持大量贸易顺差，即把自己的短缺资源借给别人使用是不经济的。

第二，从国际收支平衡概念出发，即经常项目逆差（顺差）必须用资本项目顺差（逆差）或外汇储备的减少（增加）或后两者的同时发生来弥补，指出尽管从资本项目看中国是世界上第二大（当时）外资吸引国，但由于中国一直维持贸易顺差，从实际资源利用的角度看，中国是资本输出国而不是资本输入国。而从中国出现的贸易顺差和资本项目顺差并存、外汇储备增加这样一种国际收支结构看，流入中国的外汇资金被换成了人民币而并未用于进口外国投资品，表明国内并不缺乏实际资源，所缺乏的仅仅是人民币，这种情况的发生在很大程度上是在国家实行货币紧缩时期企业"绕信贷规模"逃避宏观控制的结果（此结论有待讨论）。

在以上分析的基础上，余永定得出如下结论：中国国际收支结构一定程度上反映了建立在信贷控制基础上的货币紧缩政策的无效性和对资源配置的扭曲。中国经济因此可能遭受两重损失：一是由于资源的误配置而造成的损失，二是在用较高成本引入外资后不得不持有收益低且具有汇率和利率风险的外汇资产而受到的损失。

目前为止，其他学者对国际收支的理论解释都未超出这个框架。而在西方经济学中，有关国际收支平衡的理论解释主要是 BP 曲线，而实现内外均衡则是通过 IS、LM 和 BP 三个曲线相交来解释的。该框架对研究中国目前的国际收支状况似乎太过抽象，现实意义不大。

二、中国国际收支失衡的原因

对于中国国际收支双顺差的原因，国内经过近几年的研究讨论，基本形成了比较一致的看法，即中国国际收支双顺差是国际国内因素共同作用的结果，是全球收支不平衡和中国国内经济发展失衡的反映。中国人民银行副行长吴晓灵对此总结可谓言简意赅，其指出[①]：

（一）从国际因素看，特别是从上个世纪八九十年代以来，资本、劳动力等生产要素在全球的流动更加充分、迅捷，跨国公司处于比较优势和在全球配置资源的战略需求，把一些劳动密集型的制造业从发达国家转向新兴市场国家，而把一些高新技术产业和高端服务留在了本国。在这种国际生产力布局发生变化的情况下，中国以加工贸易为主的外贸结构和以直接投资为主的利用外资方式，使得中国处于制造业的终端，承担了许

---

① 吴晓灵："国际收支双顺差下的中国货币政策"，《中国金融》，2007 年第 1 期。

多亚洲国家的转移顺差。

（二）从国内因素看，中国的国际收支双顺差是现存经济结构和多年经济政策综合作用的结果。

中国经济结构呈现出一些显著特点：储蓄高于投资，消费低于投资，内需不足；外贸以加工贸易为主；出口顺差中50%以上来自外商投资企业。

在经济政策方面，中国在外贸政策上一直实行奖出限入的政策，各级政府都认为多出口、多挣外汇好，这种惯性思维至今并未得到彻底扭转。在产业政策方面，中国有进口替代和填平补齐的思想。进口替代源自中国外汇短缺时，只能靠自力更生来减少进口，而填平补齐则源自发展自己民族工业的考虑。在当前形势下，如果仍然坚持进口替代和填平补齐思想，则中国不可能扩大对国外产品的需求。在外资政策上，中国是以出口导向为主；在外汇政策上，实行的是宽进严出。

总的结论是全球经济失衡是各国国内经济失衡的表现，短期内难以有大的改变。对中国来说，经济结构调整和经济政策调整的效果显现需要假以时日，决定了实现国际收支基本平衡是一个长期的过程。

中国人民银行上海总部外汇管理部课题组（2007年）对国际收支的研究成果中①，还从以下几个角度解释了中国国际收支失衡的根源：（1）全球低利率时代到来，西方主要工业国家低

---

① 中国人民银行上海总部外汇管理部课题组："试论我国国际收支的现状、根源及调节"，《上海金融》，2007年第9期。

利率以及美元资产的贬值使得逐利资金在全球范围内寻找高回报的投资，中国的改革开放为这些资金提供了投资场所。樊纲（2007 年）也曾强调①：国际收支出现双顺差格局是因为我们采取了对外开放的政策，资本大量流入的主要原因是我国经济高速增长，中国是世界上经济增长最快的经济体，各种优惠政策很多，大家都到中国来投资。（2）国内生产要素配置不合理。主要包括：非健全的社会保障体系下廉价人力资源的利用、伴随内需不足的高储蓄率导致资金的低效率使用、高社会成本定价偏低的自然资源（包括矿山、土地）的过度开发。（3）国内有关政策导向。除了上述吴晓灵行长总结的外，该课题组还提到片面追求经济效益的政绩评估体制下的地方政府投资主导作用、政府优惠税收政策的导向作用。（4）国内金融市场发展滞后。一方面，国内储蓄难以有效转化为投资，国内剩余储蓄就要通过经常账户顺差的方式把商品和劳务输出出去；另一方面，部分有资金需求的企业和金融机构只能转向境外融资。可见，尽管国内积累了大量资金，但由于储蓄转化为投资的渠道不畅通，形成了国内资金流动性、外汇储备、境外融资规模"三高"并存的局面。

　　除以上观点外，还有一些学者如国家行政学院王健教授（2007 年）认为相对稳定的人民币汇率政策有利于双顺差，而人民币升值预期与流动性过剩互动导致双顺差剧增。

　　对于近期外贸顺差增长过快，商务部政策研究室王子先

---

　　①　专访："解决国际收支失衡是一项长期艰巨的任务"—访中国货币政策委员会委员樊纲，《中国金融》2007 年第 9 期。

（2007 年）认为还有一些特殊因素①：一是国家进一步加强和改善宏观经济调控，导致部分投资和进口需求明显下降；二是人民币升值预期延缓了进口需求，短期资金通过贸易项目大量进入国内，导致顺差扩大；三是原产地标准执行宽松造成出口"虚增"。

三、中国国际收支失衡的影响

综合各种研究观点，国际收支失衡对我国的影响主要表现在以下几个方面：

（一）国际收支双顺差导致外汇储备激增，使对冲过多的流动性成为货币政策的主要任务，削弱了央行货币政策的独立性和有效性。近年来，外汇占款引发了巨额的基础货币投放，央行的"对冲"操作已显得力不从心。一方面，"对冲"规模激增会导致市场利率上升，在人民币存在很强的升值预期下，外汇会大量流入，抵消"对冲"的政策效果。另一方面，外汇储备激增导致人民币升值预期加大，又限制了利率调控手段的作用空间。

（二）如果我国长期依赖外部需求来拉动经济增长、创造就业，可能会进一步加剧贸易摩擦，逐渐丧失经济发展的主动权，而且国际市场容量有限，远不足以支持我国这种大经济体的发展。

（三）导致经济增长的动力结构不均衡，经常项目顺差意味

---

① 王子先等："促进国际收支平衡：国际经验及我国的对策"，《中国金融》，2007 年第 19 期。

着大量社会资源集中在贸易部门，这些外向型企业在资源配置上的优惠挤占了内向型企业的生存空间，使经济结构失衡加剧，不利于实现经济增长向内需主导型模式转变。

（四）从我国贸易结构看，货物贸易以发展资源密集型和劳动密集型的加工贸易为主，片面追求出口造成了资源消耗浪费、产业结构落后、生态环境破坏等诸多问题，不利于我国经济结构的调整和经济可持续发展。

（五）国际收支双顺差给人民币汇率造成持续的升值压力，也加大了我国高额外汇储备的管理难度。

（六）国际收支双顺差成为国内流动性过剩的重要原因，流动性过剩对经济稳定发展特别是价格体系稳定具有越来越严重的负面效应，会导致投资过热、资产价格泡沫和通货膨胀等一系列消极后果。而在流动性充裕的背景下，银行资金使用效率值得关注。当然，对国内流动性过剩的原因，国内学者还是持有不同观点的。王松奇认为：中国流动性过剩的终极原因是金融管制过度。

（七）顺差造成繁荣假象，并给宏观调控带来挑战。顺差国也会面临货币危机、债务危机。国家外汇管理局综合司副司长管涛（2006 年）认为，顺差大量流入时，货币当局为了固定汇率，大量投入基础货币收购外汇，造成市场流动性过剩，有的地方加剧通货膨胀，有的地方引发资产价格泡沫，有的地方则引起产能过剩，这些都将在总量上给宏观调控带来挑战。而如果债务性的资本流入过多的话，就可能埋下债务危机的隐患。

此外，台湾大学校长孙震先生有一段关于"双顺差"对中国经济影响的精辟论述值得关注："第一，大陆虽每年接受 FDI

近500亿美元，但实际上是资本输出国。中国以其顺差供美国消费与投资，再以顺差所赚获之外汇予以融通，而不能不忧心美元可能贬值，造成损失。过度的外汇储备反映常年以偏低的币值补贴出口所牺牲的经济福利。第二，金融系统未能有效分配资金，不生产与低生产力部门获得相对较多的资金，高生产力部门反而获得相对较少的资金，甚至得不到资金，不仅造成过高之不良债权，亦不利于资源之有效利用。第三，经济权力下放，地方政府各自"招商引资"，不遗余力，导致过度投资与重复投资，终必拖累经济之长期成长。第四，经济发展重视成长多，重视就业少，隐蔽性失业长期存在，所产生的差距随经济成长扩大，终为社会隐忧。"

四、促进国际收支基本平衡的政策建议

管涛指出，解决我国国际收支不平衡的着力点在于从恢复经济对内平衡入手，并制定开放公平的涉外经济政策。余永定认为，全球不平衡下恢复中国国际收支平衡的对策主要包括三个内容：首先是汇率政策，其次是外汇储备的管理，最后是结构调整问题。中国人民银行上海总部外汇管理部课题组则认为解决政策性和体制性问题应成为近期调节我国国际收支不平衡的政策着力点。还有学者提出对策核心：加快调整出口导向型战略；扩大内需，化解国内储蓄与消费的结构性失衡；加强国际间协调。无论如何表述，具体政策建议都是围绕转变经济增长方式、促进中国经济可持续发展提出的。当然，中国国际收支失衡的调整需要在全球国际收支失衡的大背景下进行。

总结各种政策建议，主要涵盖以下几条内容：

（一）有关国内结构调整的举措

1. 尽快实现公共财政的转型，增加旨在完善社会保障体系、医疗体系以及教育体系的公共支出，以降低居民对未来的不确定性的担扰，从而降低储蓄。

2. 通过财政转移支付和其他手段（如法律、法规），调整收入分配格局，缩小城乡、地区和阶层收入差距，提高劳动力最低工资标准，从而鼓励合理消费。

3. 进一步落实科学的地方政府政绩评估体系，改变地方政府过于追求当期经济效益的短视行为。

4. 进一步理顺资源价格体系，征收资源费、排污费，提高高耗能、高污染企业成本。

（二）有关金融市场层面的政策建议

深化国内金融市场、投融资体制改革，使国内储蓄能够顺利转化为国内投资。包括：

1. 建立多层次的金融市场，满足境内外机构的资金需求。鼓励企业国内上市，鼓励三资企业利用国内资本市场筹集资金。

2. 大力发展银行间外汇市场，减少境内银行对境外资金的依赖。

3. 发展服务地方的产权清晰的金融机构。

（三）有关涉外经济政策方面的措施

1. 完善浮动汇率制度和人民币汇率形成机制，允许人民币更多地根据市场供求关系决定汇率。

2. 取消对外资的优惠政策，对外资实行国民待遇。取消鼓励出口导向的优惠政策。实行与 WTO 不相冲突的产业政策，限制外资对某些行业的进入。

3. 外汇管理工作需要进一步强化资金流出入均衡管理的理念，适当放松资本管制，对流出资金采取疏导政策的同时，也要注重非法资金的流出入管理。

总的来说，解决外部失衡是一个综合问题，是一个一般均衡问题。国际收支平衡、投资、消费、储蓄、体制、政策等都不能分开说，它们是统一的。因此，实现国际收支基本平衡不是一个部门、采取一方面措施所能够实现的，长期形成的问题也不是短期中能够解决的。对中国来说，平衡国际收支是一项长期任务，应着眼于经济的可持续发展，而非为了平衡而平衡。

第二节　外国专家学者对中国国际收支失衡的看法和建议

2000 年以来，随着贸易顺差的迅速扩大和外汇储备的高速累积，中国的内外失衡问题越来越成为全球关注的焦点，国外专家学者、国际投行经济学家纷纷撰文，对中国内外失衡问题尤其是外部经济失衡问题发表看法，并提出解决方案。总的来看，人民币汇率水平是议论的核心问题，主流观点认为：人民币升值是有效解决中国外部经济失衡的途径，但同时要扩大内需以平衡内外经济，否则，中国最终将难以解决流动性过剩，并将引发通货膨胀、金融市场和房地产市场的泡沫，美国麻省理工学院经济系教授奥利佛·布兰查德（Oliver Blanchard）、摩根士丹利全球首席经济师史蒂芬·罗奇（Stephen S. Roach）以及一些国际投行专家都持这种观点，国际货币基金组织（IMF）中国经济研究组（PRW）也指出只要中国能慢慢推进资本项目可兑换的进程，那么从较快落实更具弹性的货币机制可得到的好处，将高于延迟推行所需付出的成本。当然，对于是否应通过人民币升值来调整外部经济失衡也存在一些不同观点，如罗纳德·麦金农先生认为：人民币升值并不一定能够减少中国的贸易顺差，却可能会像 1978—1995 年日元升值那样，在中国引起通货紧缩以及随之而来的零利率陷阱。下面，本文将对国外专家学者和国际投行中具有代表性的观点和建议进行综述。

宏观经济大师、美国麻省理工学院经济系教授奥利佛·布兰查德（Oliver Blanchard）对中国经济失衡（包括内部失衡和外部失衡）提出了一些精辟的看法，并对解决这些问题提出了三大改革途径。Oliver Blanchard 指出：目前中国主要存在六大失衡问题，即不同省份之间增长的不平衡、不同熟练劳动力之间的不平衡、经济中不同部门之间增长的不平衡、社会保障体系的功能不断弱化问题、投资的配置不当和宏观经济内外失衡不断增强。为解决上述问题，中国在重新平衡经济的政策变动时应当相当谨慎，避免大的政策变动是一种理智的选择。应当采取弹性的而非剧烈波动的形式，对以往执行的经济增长战略进行修正。为此，Oliver Blanchard 提出包括三大主要任务或改革途径的政策建议：一是完善社会保障体系。这将有助于降低私人储蓄，提高消费，由此可以增加国内需求，降低失衡当然也可能导致经济过热；二是重新配置投资尤其是增加公共服务方面的投资，增加对医疗和教育领域的公共投资，尤其是增加对需求更加活跃的农村地区的公共投资，这样的政策措施将会刺激更高的国内需求，也可以降低失衡；三是让人民币适度升值以避免经济过热，同时起到重新平衡宏观经济的作用。Oliver

Blanchard 先生认为这一政策组合有助于帮助中国经济增长成功地实现由外需增长向内需增长的转变，但是可能降低中国的经济增长率，因为中国服务业的生产增长率要低于制造业的生产增长率。但尽管中国的经济增长率可能会降低，而较低的经济增长率并不意味着社会福利水平会降低。

对于人民币升值的宏观经济影响，Oliver Blanchard 认为主要有两大影响：首先，从某种程度上会恶化中国的竞争力，尤其会降低出口在 GDP 中比重，同时也会降低出口部门在经济中的比重。所以，为了配合人民币升值，有必要通过提高内部需求等政策措施，以维护中国经济的内部平衡，从这个意义上讲，完善社会保障体系和降低储蓄等刺激内需的政策选择是明智的，不仅仅在于提升社会福利，而且是与人民币升值相关的一项正确的宏观经济政策。其次，人民币升值将会自发地恶化城市和农村之间的收入差距。因为国际农业市场价格是按照美元定价的，人民币升值则意味着以人民币计价的农产品价格将下降，由此会相应减少中国的农民收入。因此，向中国的农村地区提供更为完善的社会保障、更好的教育和医疗供给是非常重要，也是必要的。

德意志银行大中华区首席经济学家马骏针对平衡中国国际收支，提出了一个"五管齐下"的综合政策组合。马骏表示：通过模型定量分析，人民币汇率被低估、外资增长过快、国外需求旺盛、国内消费不足是中国经常账户大幅攀升的直接和主要原因。中国国际收支盈余大幅上升会带来一系列风险，比如与贸易伙伴的贸易摩擦会增加，中国会面临流动性过剩和货币政策的被动，而流动性过剩又可能带来金融市场和房地产市场的泡沫。此外，在外汇储备高速增长条件下，外汇储备收益远远低于外国直接投资在中国的收益率的矛盾将日益突出，若是中国的国际收支盈余持续高速上升，将会导致今后出现人民币汇率突然调整以及中国经济调整的风险。一旦中国的汇率和经济出现突然的大幅调整，对其他国家和国际大宗商品市场会有很大冲击，中国外汇储备也可能面临较大损失。

为在数年内明显改善国际收支，他提出了一个"五管齐下"综合政策组合，即：让人民币名义有效汇率年均升值约 2.5%；将外商直接投资的增长控制在零左右；加速推进资本项目的开放；切实拓宽外企在中国融资渠道，例如包括允许外企发债；逐步扩大人民币对美元的波动幅度，争取在一年内逐步将每日波幅扩大到上下 2%。

高盛在 2003 年 9 月发表的报告"人民币：是谁的问题？"中提到人民币汇率被严重低估实际上对于中国来说是个严重问题。中国若想执行独立的货币政策，固定汇率制就会成为一个越来越沉重的负担，因为中国的经济周期与美国并不同步。因此，汇率重估是保持稳定的宏观经济环境以促进经济增长的最有效途径。只有 3 种方法能够使被低估的人民币实际汇率得以调整，即名义货币升值、提高相对于贸易伙伴国的国内通胀和采取行政手段控制内需（或采取贸易保护主义措施抵制中国的进口）。

时隔 4 年的时间，高盛认为这份报告的分析和结论仍然有效。并认为时至今日，中国面临的几种政策选择仍未改变，而这些选择的不利和有利因素也仍未改变：从对于整个国家的总体净福利收益来看，名义货币升值是最优政策选择。第二种选择的代价高昂，因为这种方法会恶化收益分配，而且如果通胀预期在长久未能得以遏制之后被永久性地推高，这种方法会难以控制。第三种选择是最无效的政策手段，但目前看，通过行政手段抑制内需（尤其是投资需求）已经或多或少地成为了中国保持"宏观经济稳定"的主要政策工具，但它同时也加剧了经济的外部失衡，如 2003 至 2007 年间，中国的贸易顺差已经增长了 27 倍。由于中国前所未有的外部失衡，即使是旧的行政手段目前也已经开始面临一些新的挑战。

毋庸置疑，中国政策决策的时机以及汇率调整的幅度对于全球（以及中国国内）的金融市场来说至关重要。如果中国仍然拒绝通过人民币的大幅升值来调整外部失衡，那么这些失衡问题最终得以调整将是一个非常痛苦的过程。另一方面，果断地调整被低估的人民币汇率将使得中国被抑制的内需得以释放并削弱过度通胀以及资产通胀的潜在势头。

摩根士丹利全球首席经济师史蒂芬·罗奇（Stephen S. Roach）在 2005 年 3 月的一份报告中指出：中国面临迫切的内部经济复衡（恢复平衡）需求—特别是那些属于投资和消费范畴的，同时也面临迫切的外部复衡需求—主要体现在庞大的外汇储备、冲销风险和不断升级的贸易紧张关系，经济复衡（即促进经济内外均衡）必须被视为迈向改革和发展之路的较长期重要策略。内部复衡牵扯的利益层面很大，过度投资显示在供求之间潜在一个有可能导致价格崩溃或通缩的长期失衡。这些误差必须在未来几年加以纠正。然而，终极的解决方法一定是不能靠对若干项目和行业实施限制这样简单。对宏观经济方程式另一边的消费制定刺激措施同样是解决方案的关键部分，缺乏来自私人消费的内需支持，中国的投资主导模式难以持续，这是中国经济必须恢复平衡的策略性关键所在。人民币汇率问题和美国经常项目调整是中国外部复衡的主要风险所在，中国的盯住美元汇率制度有可能被卷入美国本身早应解决的经常账问题上，中国对货币政策变革的恐惧也被夸大了。

国际货币基金组织（IMF）中国研究组（PRW）在 2005 年的一份研究报告指出：鉴于中国不成熟的金融体系，在推进资本项目可兑换方面宜缓慢审慎，但这不是拖延新货币机制过渡的理由。如果更具弹性的机制意味着如大多数人所预期的货币会走强，基于中国出口中中介投入的高进口含量，汇率升值对中国生产的影响将有限。此外，人们对国内银行可能对货币问题束手无策的忧虑被过分渲染了，事实上银行涉及的外币债务承担并不多。而缺乏灵活的汇率机制有可能导致金融环境的扭曲—即不能有效冲销流入资金以及因此而引发相关的通胀问题。PRW 总结说，只要中国能慢慢推进资本项目可兑换的进程，那么它从较快落实更具弹性的货币机制可得到的好处，将高于延迟推行所需付出的成本。

马里兰大学史密斯商学院教授，美国国际贸易委员会（International Trade Commission）前首席经济学家彼得·莫里西（Peter Morici）2007 年 6 月撰文指出：由于中国巨大的贸易顺差和海外投资的流入，国际上对人民币的需求量大大超过了供应量。为了将人民币每年的升值幅度控制在5%以内，中国货币管理部门每年都要购买约 3，000 亿美元和其他硬通货币。反过来，中国又通过购买美国国债和其他证券赚取利息，同时在国内卖出人民币计价债券以缓解流动性过剩并防止通货膨胀。此举增加了中国人的储蓄，将购买力转移到了美国，并降低了美国人的储蓄。在这个过程中，中国政府鼓励制造业出口行业的过度投资，大搞城市开发，容忍股市的投机泡沫，并刺激了全球石油价格居高不下（中国制造商使用能源的效率大大低于生产同样产品的西方竞争对手）。所有这些都导致中国在满足国内需求方面投资过低，如农村的卫生和饮用水建设等，同时还加剧了收入分配不公现象，破坏了社会稳定。这些过程也加剧了美国等工业化国家制造业岗位的流失和经济失衡，进而破坏了对世界贸易组织（World Trade Organization）所倡导自由贸易体制的政治支持，而中国的经济发展从自由贸易体制中受益良多。

目前，由于人民币盯住美元和海外投资的流入，中国必须购买美元和其他硬通货币，数额相当于其国内生产总值的10%，或出口额的25%左右。这要求中国政府竭尽全力找到足够多的国内投资者购买人民币债券，即增加同样数量的国内储蓄，否则就会出现流动性过剩引发通货膨胀的局面。如果政府不能再发售更大数量的人民币债券以吸收它为购买美元和其他硬通货币而向市场投放的人民币，这种政策就会土崩瓦解。

彼得·莫里西（Peter Morici）建议：将人民币汇率重估到不再需要通过大量购买美元来进行单方面干预的水平，比如，先重估10%，然后允许人民币兑美元汇率每月上升2%，直到不再需要单方面干预为止。这将令金融市场感到满意，并使中国经济以有序的方式进行必要的调整。汇率只是一种价格，当政府将价格固定在某一点时，迟早有人会受到伤害，通常受伤害最重的是许多普通的劳动人民。

美国斯坦福大学教授罗纳德·麦金农先生对于通过汇率调

整解决外部经济失衡问题则持不同看法①，他认为：近几年，美国对中国施加了很大压力，要求中国进一步将人民币升值。然而人民币升值并不一定能够减少中国的贸易顺差，却可能会像1978—1995 年日元升值那样，在中国引起通货紧缩以及随之而来的零利率陷阱。理由是：贸易失衡既是一个政治问题又是一个经济问题，从经济角度看，对拥有贸易顺差的债权经济体，当本国货币升值后，显然出口会因价格升高而减少，进口则因价格降低而增加，从直觉上可以模糊感到该国贸易顺差会减少。然而，该国本币升值至少会产生三种来自国民收入和支出的偏置效应影响，它们足以抵消掉上述相对价格效应的影响：第一，出口本身的减少以及进口替代产品产出的减少，会导致国民收入的减少，因而会降低国内消费，包括对进口产品的消费。第二，企业必须重估它在世界产品市场上的投资成本，本币升值会减少外国直接投资和本国投资的收益，从而抑制该国的投资和就业，最终降低该国的消费。第三，对于债权国来说，由于持有大量美元，本币升值带来的通货紧缩的冲击更为强烈，这种负财富效应会进一步导致本国消费和投资的减少。总之，就中短期而言，本币升值后，本国消费的减少将抵消相对价格效应的影响，从而使净贸易平衡的变化难以确定。

对中国来说，从中短期来看，应当坚持一种新的货币规则，即：保持人民币汇率的平稳上升，上升幅度为美国通货膨胀率与中国设定的通货膨胀目标值之差；同时将这种汇率控制在每

---

① 罗纳德·麦金农："从历史的角度比较中日两国货币升值"，《中国金融》，2007 年第 6 期。

天可以有 ±0.3% 的变动率,而且变动是随机的以便阻止投机行为;最后,中国人民银行要时刻注意美国通货膨胀率的变化,并依据上述新规则调整汇率上升的幅度。从长远来看,中国更好的解决办法是维持汇率的稳定以防止出现低利率流动性陷阱和通货紧缩引起衰退。如果汇率波动超出一个狭窄范围就会影响货币工资增长的国际调节机制——就像早期日本的情况那样。

总而言之,对于中国来说,可能导致人民币较快升值的浮动汇率政策将是一个严重的错误。这种政策未必会使中国的贸易顺差改变多少,因而仍将受到国外的指责,而美元的持续积聚会导致人民币面临更大的升值压力,那时中国就可能遭遇像日本过去那样的零利率陷阱和通货紧缩,甚至重蹈日本"失去的十年"的覆辙。外国要求中国将人民币升值或者让人民币浮动的做法是错误的,这并不能解决国际储蓄——投资失衡,因为这一问题的解决超越了汇率政策本身。

主要参考书目录

1. 杜厚文、夏庆杰等：《世界经济一体化集团研究》，中国大百科全书出版社，1997年6月版。

2. 胡坚、陶涛：《日本金融：危机与变革》，经济科学出版社，1999年8月版。

3. 袁木、杨德明等：《震撼世界的亚洲金融危机》，当代中国出版社，1998年5月版。

4. 刘园、王达学：《金融危机的防范与管理》，北京大学出版社，1999年8月版。

5. 宋清华：《银行危机论》，经济科学出版社，2000年11月版。

6. 赫国胜等：《赶超型国家金融体制比较》，中国金融出版社，2001年5月版。

7. 朱文晖等译：《东亚的复苏与超越》，中国人民大学出版社，2001年10月版。

8. 李京文主编：《21世纪的俄罗斯经济发展战略》，中国城市出版社，2002年1月版。

9. 于宗先、徐滇庆主编：《从危机走向复苏—东亚能否再度起飞》，社会科学文献出版社，2001年4月版。

10. 陈学彬等：《当代金融危机形成、扩散与防范机制研究》，上海财经大学出版社，2001 年 12 月版。

11. 石俊志：《金融危机生成机理与防范》，中国金融出版社，2001 年 4 月版。

12. 陈江生：《国际金融危机论》，中共中央党校博士学位论文，2002 年 4 月。

13. 国际货币基金组织：《国际资本市场—发展、前景和主要对策》，中国金融出版社，1995 年 8 月、1996 年 9 月、1997 年 11 月、1998 年 9 月、1999 年 9 月。

14. 国际货币基金组织：《世界经济展望》，中国金融出版社，1998 年 5 月、1999 年 5 月。

15. 国际清算银行：《国际清算银行年报》，中国金融出版社，第 66、67、68、69、70 期。

16. 陆前进："蒙代尔的主要成就及其理论评述"，《国际金融研究》，1999 年第 11 期。

17. 易宪容："美元化的内涵、问题及展望"，（香港）《信报财经月刊》2000 年 12 月。

18. 陈雨露："国际金融理论前沿问题述评"，《国际金融研究》，2002.7。

19. 国际货币基金组织和世界银行季刊：《金融与发展》，1996.3。

20. 胡祖六："东亚的银行体系与金融危机"，《国际经济评论》，1998.3。

21. 奚君羊："资本流动对人民币汇率的影响"，《国际金融研究》，2002.2。

22. 谢印利："日本金融危机的原因分析"，《现代日本经济》，

1999 年第 4 期。

23. 杨旭东："日本的金融危机与金融改革"，《现代日本经济》，
1998 年第 2 期。

24. 宋士云："东南亚金融危机成因探析"，《河南大学学报（社
科版）》，1999 年 1 月。

25. 谭雅玲："墨西哥金融危机的前因后果及其启示"，《国际金
融研究》，1995 年第 3 期。

26. 沈安："墨西哥克服金融危机的历史回顾与分析"，《拉丁美
洲研究》，1998 年第 4 期。

27. 晓闻："巴西金融危机的由来、实质与走向"，《经济纵横》，
1999 年第 3 期。

28. 谭雅玲："巴西金融动荡的内外因素分析及其前景判断"，
《拉丁美洲研究》，1999 年第 3 期。

29. 高严军："阿根廷危机：政治和社会问题的两难选择"，《中
国改革》，2002 年第 2 期。

30. 盛正德："阿根廷危机对中国的警示"，《当代经济研究》，
2002 年第 6 期。

31. 江时学："阿根廷危机的由来及其教训"，《拉丁美洲研究》，
2002 年第 2 期。

32. 林毅夫等主编：《中国经济研究》，北京大学出版社，2000
年 1 月版。

33. 张蕴岭主编：《东亚经济社会发展的稳定与安全－从金融危
机中得出的教训》，中国社会科学出版社，2001 年 9 月版。

34. （德）格哈德．伊宁：《货币政策理论》，社会科学文献出版
社，2002 年 2 月版。

35. 约瑟夫．斯蒂格利茨："金融稳健与亚洲的可持续发展"，《经济社会体制比较》，1998 年第 3 期。

36. 北京大学国际经济研究所编：《金融监管与风险防范》，经济日报出版社，1998 年版。

37.（日）青木昌彦等：《日本主银行体制》，中国金融出版社，1998 年版。

38.（日）青木昌彦等：《经济体制的比较制度分析》，中国发展出版社，1998 年版。

39.（美）斯坦利·费歇尔："重建世界金融体系—危机的教训"，《经济学家》，2000 年 10 月 3 日。

40. 石井祥悟，卡尔·哈伯迈：《资本账户自由化和金融部门稳定》，中国金融出版社，2006 年 4 月版。

41. 刘仁武等：《国际短期资本流动监管理论与实证》，社会科学文献出版社，2008 年 6 月版。

42. 普拉萨德等：《金融全球化对发展中国家的影响：实证研究结果》，中国金融出版社，2004 年 5 月版。

43. 艾格·贝克、布赖恩·查普：《发达国家资本账户自由化经验》，中国金融出版社，2006 年 4 月版。

44. 深尾光洋（MitsuhiroFukao）："资本账户开放：日本的经验和对中国的启示"，2002 年 9 月 12 日在北京"国际视角的中国资本账户开放"研讨会上的发言。

45. 王国刚：《资本账户开放与中国金融改革》，社会科学文献出版社，2003 年 9 月版。

46. 国际清算银行，中国国家外汇管理局：《国际视角的中国资本账户开放》，经济管理出版社，2003 年 8 月版。

47. 中国人民银行国际司：《东盟与中日韩短期资本流动管理与资本账户开放高级研讨会论文集》，中国金融出版社，2003年3月版。

48. 郭庆平：《外汇管理调查与研究》，中国金融出版社，2006年9月版。

49. 张礼卿：《发展中国家资本账户开放：理论、政策与经验》，经济科学出版社，2000年版。